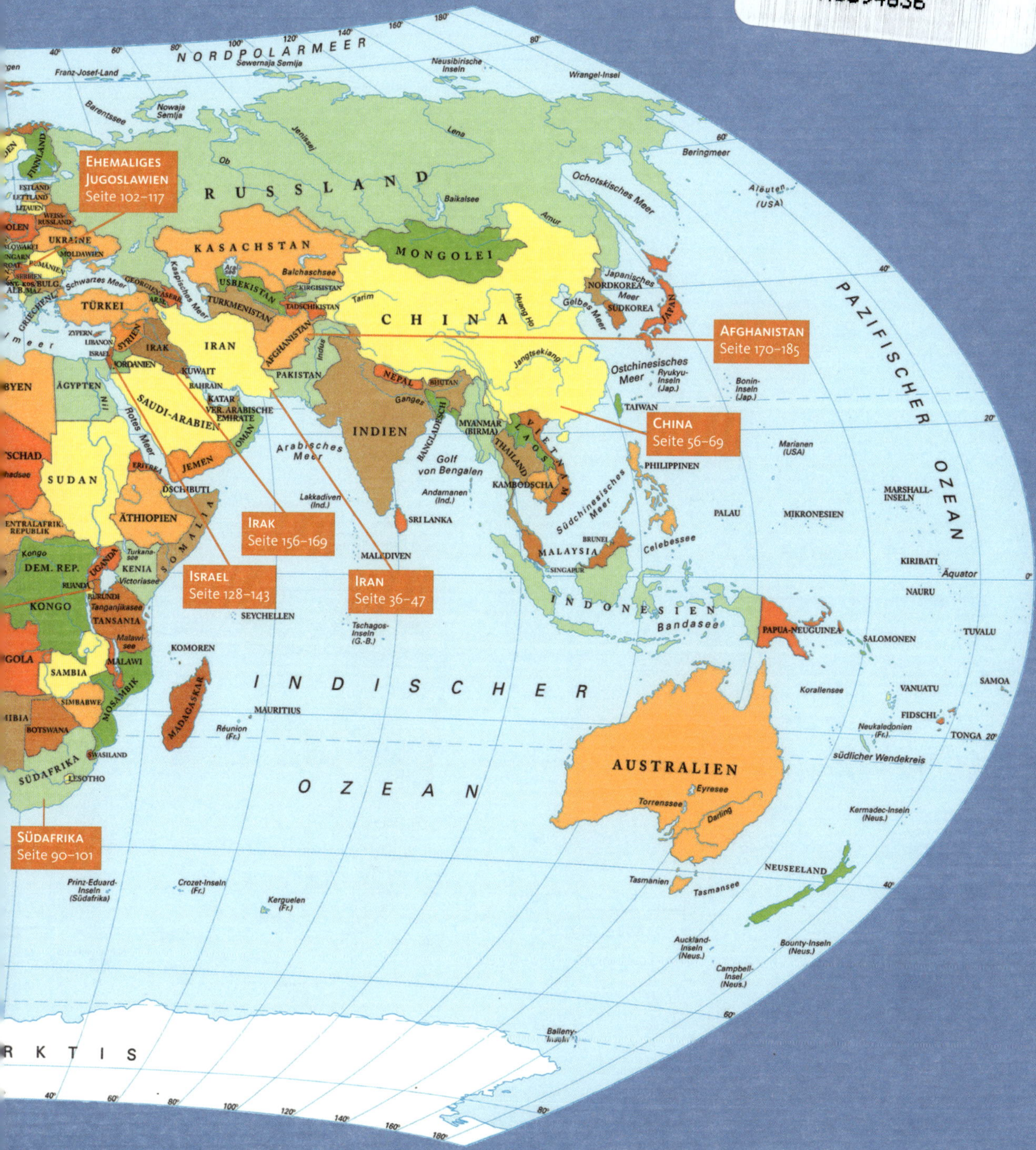
NORDPOLARMEER
Franz-Josef-Land
Sewernaja Semlja
Neusibirische Inseln
Wrangel-Insel
Barentssee
Nowaja Semlja
FINNLAND
EHEMALIGES JUGOSLAWIEN Seite 102–117
ESTLAND
LETTLAND
LITAUEN
WEISS-RUSSLAND
UKRAINE
MOLDAWIEN
RUMÄNIEN
BULG.
GRIECHENL.
Schwarzes Meer
TÜRKEI
ZYPERN
LIBANON
ISRAEL
SYRIEN
IRAK
JORDANIEN
GEORGIEN
ASERB.
ARM.
Kaspisches Meer
RUSSLAND
Ob
Jenissei
Lena
Baikalsee
Amur
Beringmeer
Ochotskisches Meer
Aleuten (USA)
KASACHSTAN
Aralsee
Balchaschsee
USBEKISTAN
KIRGISISTAN
TURKMENISTAN
TADSCHIKISTAN
AFGHANISTAN
MONGOLEI
CHINA
Tarim
Huang Ho
Jangtsekiang
Japanisches Meer
NORDKOREA
SÜDKOREA
JAPAN
Gelbes Meer
AFGHANISTAN Seite 170–185
IRAN
KUWAIT
BAHRAIN
KATAR
VER. ARABISCHE EMIRATE
OMAN
SAUDI-ARABIEN
JEMEN
PAKISTAN
Indus
NEPAL
BHUTAN
Ganges
BANGLADESCH
INDIEN
MYANMAR (BIRMA)
LAOS
VIETNAM
THAILAND
KAMBODSCHA
Ostchinesisches Meer
Ryukyu-Inseln (Jap.)
Bonin-Inseln (Jap.)
TAIWAN
CHINA Seite 56–69
PAZIFISCHER OZEAN
Marianen (USA)
PHILIPPINEN
Südchinesisches Meer
MARSHALL-INSELN
PALAU
MIKRONESIEN
ÄGYPTEN
Nil
Rotes Meer
SUDAN
TSCHAD
ERITREA
DSCHIBUTI
ÄTHIOPIEN
SOMALIA
Arabisches Meer
Golf von Bengalen
Andamanen (Ind.)
Lakkadiven (Ind.)
SRI LANKA
IRAK Seite 156–169
ZENTRALAFRIK. REPUBLIK
Kongo
DEM. REP. KONGO
UGANDA
KENIA
Turkanasee
Victoriasee
RUANDA
BURUNDI
Tanganjikasee
TANSANIA
ISRAEL Seite 128–143
IRAN Seite 36–47
MALEDIVEN
SEYCHELLEN
Tschagos-Inseln (G.-B.)
BRUNEI
MALAYSIA
SINGAPUR
Celebessee
INDONESIEN
Bandasee
KIRIBATI
Äquator
NAURU
PAPUA-NEUGUINEA
SALOMONEN
TUVALU
ANGOLA
SAMBIA
Malawisee
MALAWI
KOMOREN
SIMBABWE
MOSAMBIK
MADAGASKAR
NAMIBIA
BOTSWANA
MAURITIUS
Réunion (Fr.)
SWASILAND
LESOTHO
SÜDAFRIKA
INDISCHER OZEAN
Korallensee
VANUATU
SAMOA
FIDSCHI
Neukaledonien (Fr.)
TONGA
südlicher Wendekreis
AUSTRALIEN
Eyresee
Torrenssee
Darling
Kermadec-Inseln (Neus.)
SÜDAFRIKA Seite 90–101
Prinz-Eduard-Inseln (Südafrika)
Crozet-Inseln (Fr.)
Kerguelen (Fr.)
Tasmanien
Tasmansee
NEUSEELAND
Auckland-Inseln (Neus.)
Bounty-Inseln (Neus.)
Campbell-Insel (Neus.)
Balleny-Inseln
ANTARKTIS

Karin Feuerstein-Praßer · Karin Schneider-Ferber

Da hielt die Welt den Atem an

Ereignisse und Schauplätze,
die Schlagzeilen machten

Karin Feuerstein-Praßer · Karin Schneider-Ferber

Da hielt die Welt den Atem an

Ereignisse und Schauplätze, die Schlagzeilen machten

Mit einem Vorwort von Steffen Seibert

Ravensburger Buchverlag

Inhalt

Als Nachrichtenmoderator ist man eigentlich immer mit den Ereignissen des Tages beschäftigt, damit, was gerade aktuell ist. Manchmal sind das Ereignisse, bei denen die Welt den Atem anhält und wir Journalisten, die wir versuchen, sie so gut wie möglich zu erklären, auch. Man hält uns zu Unrecht für besonders abgebrüht, in Wirklichkeit sind wir nicht selten genauso erschrocken oder ergriffen oder gerührt wie unsere Zuschauer.

Aber was heute passiert, ist fast immer das neueste in einer langen Reihe von Kapiteln, die Fortschreibung eines Romans, der nie endet. Während ich diesen Text schreibe, läuft zum Beispiel die Fußball-Weltmeisterschaft in Südafrika. Die Bilder von dort zeigen uns: Es ist eine riesige Party, natürlich, aber doch auch viel mehr! Denn da feiert ein Land seine vor Kurzem erst gewonnene Freiheit, seine neue Stärke, zu der es erst finden konnte, nachdem es das rassistische Apartheid-Regime erstaunlich unblutig abgestreift hatte. Natürlich kann man auch Fußball gucken und in die Vuvuzela tröten, ohne etwas über das Ende der Apartheid zu wissen. Aber schade wäre es! Und eine verpasste Gelegenheit, einen Meilenstein der Weltgeschichte näher kennenzulernen.

Geschichte erleben | In unserer aufregenden neuen, alten Hauptstadt Berlin kann man sich von einem historischen Schauplatz zum anderen treiben lassen, vom Checkpoint Charlie etwa zum Reichstag und von dort zum Kanzleramt. Bis 1989 wäre das nicht möglich gewesen, da gab es in der historischen Mitte der Stadt eine Mauer, die sie in ein Ost- und ein Westberlin teilte. Unser Buch erzählt, wie die Mauer fiel, wer sie mutig zum Einsturz brachte und wie daraus das große Geschenk der jüngeren Geschichte an uns Deutsche wurde: die Wiedervereinigung. Wer das liest, versteht aufs Neue oder zum ersten Mal, warum wir bei den bewegenden Bildern des Novembers 1989 immer noch eine Gänsehaut bekommen.

Ein anderes Beispiel: Deutschland debattiert über den Sinn des Afghanistaneinsatzes der Bundeswehr. Da wäre es doch gut und wichtig zu wissen, wie es zum Krieg in Afghanistan kam, wer ihn aus welchen Gründen führt und ob die heutigen Ziele noch die Ziele sind, für die deutsche und andere internationale Truppen ursprünglich dorthin gegangen sind.

Nie war es einfacher als heute, Zugang zu Geschichte zu bekommen: sei es als Reisender, der an den historischen Schauplätzen den Ereignissen nachspüren will; sei es als Internetsurfer, der fabelhafte Dokumente und historische Sternstunden nur anzuklicken braucht.

Wir sind Teil der Geschichte | Fußball-WM, Berlinbesuch, Afghanistan – was ich sagen will, ist dies: Wir haben zwar die Wahl, ob wir uns für Geschichte interessieren oder nicht, aber wir haben nicht die Wahl, inner- oder außerhalb dieser Geschichte zu leben. Wir können uns nicht aus ihr abmelden, sie ist der Soundtrack unseres Lebens, wir sind ein Teil von ihr, ob wir das mögen oder nicht. Besser also, sie zu kennen und zu verstehen.

Die Wendungen der Geschichte können überraschender und spannender als jeder Roman sein. Große Ereignisse beschäftigen nicht nur unseren Verstand, sondern sprechen auch direkt zu unseren Gefühlen. Das schaffen in der Regel natürlich nicht die politischen Debatten oder klugen Gesetzeswerke (obwohl unser Grundgesetz eine Portion Begeisterung verdient hat). Die Handelnden in der Geschichte sind es, die uns mitreißen oder entsetzen: Wer die Geschichte Nelson Mandelas kennt, sein 28-jähriges Weggeschlossensein auf der Gefängnisinsel und seinen völligen Verzicht auf Rache nach seiner Befreiung – für den wird dieser Mann zum Vorbild und Helden.

Geschichtskenntnisse können uns Orientierung geben: Wer sich auskennt und mitdenkt, kann mitreden und vor allem mitentscheiden. Die Demokratie, in der wir glücklicherweise leben, haben andere für uns errungen. Sie muss – auch von uns – immer wieder aufs Neue gefestigt werden. Und das tun nicht nur die Politiker, denen wir vom Spielfeldrand aus zuschauen. Wir Bürger sind gefragt. Wer die Geschichte kennt, kann den großen Debatten unserer Zeit folgen. Wer die Geschichte gerade Deutschlands kennt, den kann sie – davon bin ich überzeugt – davor bewahren, die Fehler und Irrwege früherer Generationen zu wiederholen.

Dies ist kein Geschichtsbuch über die Weltgeschichte oder die Geschichte Deutschlands seit Beginn der Zeitrechung. Wir haben uns auf die Ereignisse ab 1945 konzentriert, die in klassischen Geschichtsbüchern, erst recht im Schulunterricht, notorisch zu kurz kommen. Wer heute die Auseinandersetzung mit einer gewissen Form von radikalem, gewaltbereitem Islam verstehen will, muss wissen, was genau am 11. September 2001 geschah und wie das zu Kriegen in Afghanistan und im Irak führte. Wer begreifen will, warum Chinas Regierung seine Bürger mittlerweile wohlhabend sein lässt, aber nicht frei, der kommt nicht umhin, sich mit dem Massaker auf dem Platz des Himmlischen Friedens 1989 zu beschäftigen. Wir haben versucht, kein reines Daten- und Faktenbuch über die Geschichte zu machen, sondern ein Geschichtenbuch. Eines, das gründlich und verständlich erzählt, wie und warum etwas geschah.

Ich wünsche allen Leserinnen und Lesern viel Freude beim Lesen, ob von Anfang bis Ende in einem Rutsch oder eher stöbernd und nachschlagend. Ich hoffe, dass dieses Buch hilft, unsere Welt und unseren Platz in ihr zu verstehen, so wie mir die Beschäftigung mit Geschichte dabei geholfen hat.

Steffen Seibert

BUNDESREPUBLIK

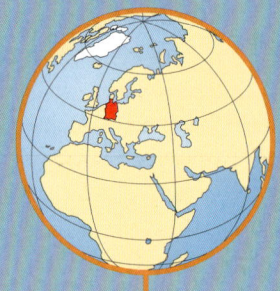

»Recht und Freiheit« – Die deutsche Staatsgründung

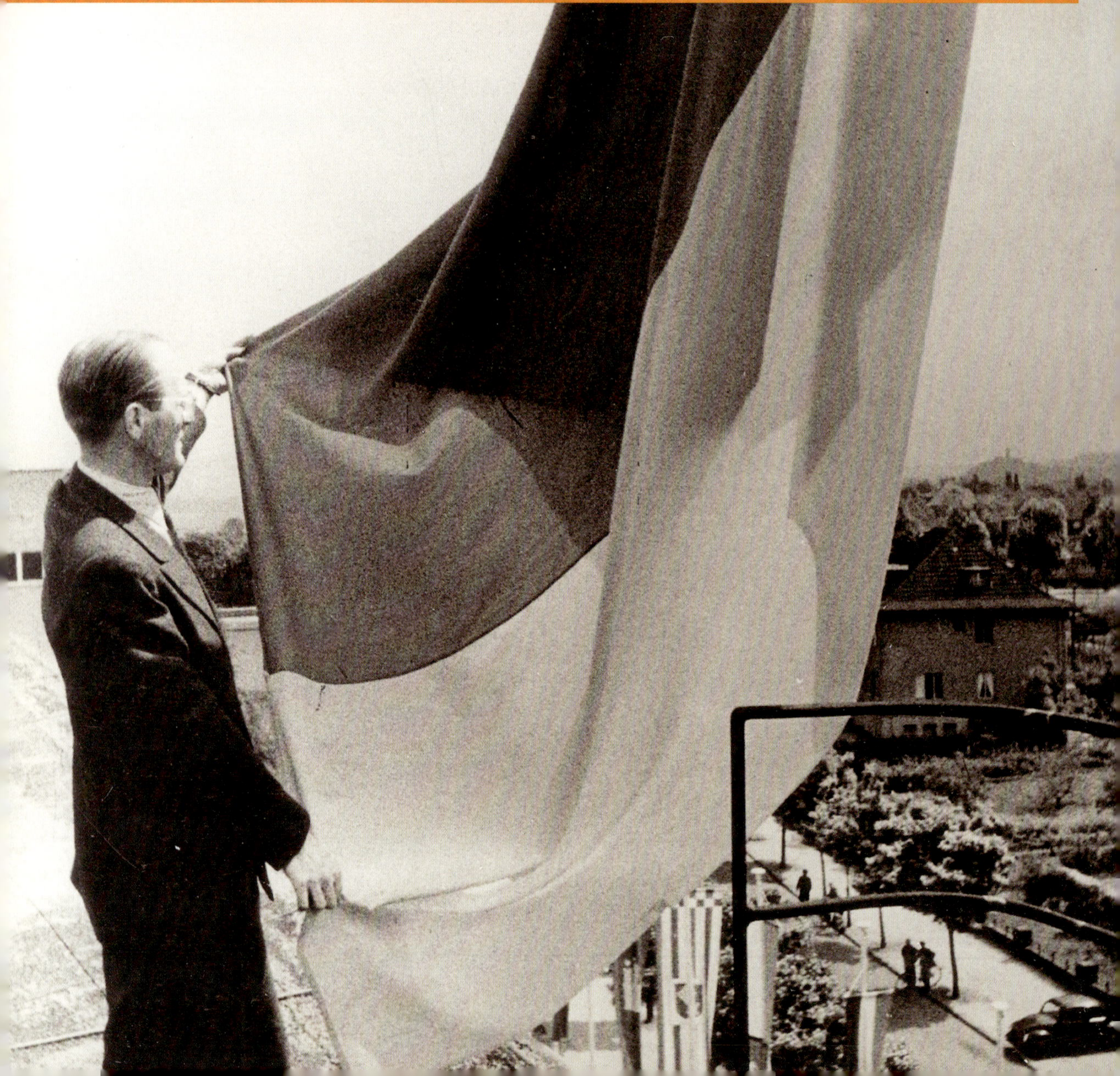

Nach dem Ende des Zweiten Weltkriegs teilen die Siegermächte Deutschland in vier Besatzungszonen auf. Doch schon nach kurzer Zeit ist zu erkennen, dass die Sowjetunion und die Westalliierten – Großbritannien, Frankreich und die USA – jeweils ihre eigenen Ziele verfolgen. Ein vereintes Nachkriegsdeutschland wird dadurch immer unwahrscheinlicher. Mit der Verkündung des Grundgesetzes entsteht im Mai 1949 die Bundesrepublik Deutschland, kurze Zeit später folgt die Gründung der Deutschen Demokratischen Republik. Von nun an gehen die beiden deutschen Staaten getrennte Wege.

Mitglieder des Parlamentarischen Rats fahren am Museum Koenig vor. | 1949

Bonn, 1. September 1948 | Für die Giraffen ist es ein Tag wie jeder andere. Man hat sie nur ein wenig in den Hintergrund gerückt, damit sie die würdevolle Atmosphäre nicht unnötig stören. Und doch dürfen sie heute als exotische Kronzeugen einem historischen Ereignis beiwohnen: der Eröffnungsfeier des *Parlamentarischen Rats.*

Lange hat man im kriegszerstörten Bonn nach einem Gebäude gesucht, das dem festlichen Anlass entspricht. Es gibt nur ein einziges: das 1912 erbaute naturhistorische *Museum Koenig* im Süden der Stadt. Hier stehen zahllose zu Schau- und Forschungszwecken präparierte Tiere, nicht nur die berühmt gewordenen Giraffen, die damals wie heute im Lichthof des Museums zu bewundern sind.

Feierliche Eröffnungssitzung des Parlamentarischen Rats im Lichthof des Museums Koenig | 1949

Die Berlinblockade | Inzwischen sind mehr als drei Jahre seit der bedingungslosen Kapitulation Deutschlands am 8. Mai 1945 vergangen. Nun wird es allmählich Zeit für einen Neubeginn. Spätestens seit der Blockade Westberlins aber ist eine gesamtdeutsche Lösung so gut wie unmöglich geworden.

Währungsreform

Am 20. Juni 1948 wird in den drei westlichen Besatzungszonen statt der Reichsmark die Deutsche Mark als Zahlungsmittel eingeführt. Jeder Einwohner erhält 60 Deutsche Mark in bar, die Reichsmark wird im Verhältnis zehn zu eins umgetauscht.

Anfang Mai 1945 wird die Reichshauptstadt Berlin zunächst von der Roten Armee besetzt. Doch schon kurz nach Kriegsende ziehen auch die Truppen der drei Westmächte ein. Berlin erhält damit den Viermächtestatus und besteht künftig aus vier Besatzungsabschnitten, den sogenannten Sektoren. Doch nach anfänglicher Zusammenarbeit der Siegermächte entwickeln sich der Ost- und der Westteil Berlins ebenso auseinander wie die deutschen Besatzungszonen. Zum endgültigen Bruch kommt es durch die Ankündigung der Währungsreform in den Westzonen. Aus Protest verlässt der sowjetische Vertreter am 16. Juni 1948 die Alliierte Kommandantur, das gemeinsame Kontrollorgan der Alliierten.

Acht Tage später gehen rund um Berlin an den Grenzen der sowjetischen Besatzungszone die Schlagbäume herunter. Sämtliche Zufahrtswege ins westliche Berlin – zu Wasser und zu Lande – sind gesperrt. Ziel der Blockade ist es, die drei Sektoren im wahrsten Sinne des Wortes auszuhungern. Am 24. Juni hören die Kohle- und Lebensmittellieferungen abrupt auf. Die sowjetische Besatzungsmacht schaltet sogar die Stromversorgung der Westsektoren ab. Betroffen sind 2,5 Millionen Westberliner. Moskau hat hoch gepokert, denn jetzt, nur drei Jahre nach dem Zweiten Weltkrieg, ist der Ausbruch eines neuen bewaffneten Konflikts in gefährliche Nähe gerückt.

Doch die Westmächte verzichten auf eine militärische Lösung und entscheiden sich, über die weiterhin offenen Luftkorridore die eingeschlossenen Berliner mit allem Nötigen zu versorgen. Vom 26. Juni an fliegen alle zwei bis drei Minuten die sogenannten »Rosinenbomber« der USA und Großbritanniens von Frankfurt am Main, Hamburg und Bückeburg bei Hannover nach Westberlin. Sie landen in Tempelhof, Gatow und wenig später auch auf dem in kürzester Zeit neu angelegten Flugplatz Tegel.

In über 62 000 Einsätzen transportieren die Maschinen in den nächsten Monaten 1,5 Millionen Tonnen Lebensmittel, Kohle und Versorgungsgüter nach Westberlin. 88 Piloten kommen bei diesem gefährlichen Unternehmen ums Leben. Erst am 15. Mai 1949 wird die Berlinblockade schließlich beendet.

Luftbrücke während der Blockade von Berlin | 1948

»Das deutsche Volk bekennt sich zu den unverletzlichen und unveräußerlichen Menschenrechten als Grundlage jeder menschlichen Gemeinschaft, des Friedens und der Gerechtigkeit in der Welt.«

GRUNDGESETZ ARTIKEL 1,2

Nur ein Provisorium? | Schon im Frühjahr 1948 wird auf einer Konferenz der Westmächte in London beschlossen, aus den drei Westzonen einen föderalen Bundesstaat zu bilden. Die Währungsreform ist ein erster wichtiger Schritt in diese Richtung. Mit den *Frankfurter Dokumenten* beauftragen die Vertreter der Westalliierten nun die von ihnen eingesetzten Ministerpräsidenten mit der Gründung eines westdeutschen Staates.

Im Prinzip ist man auf westdeutscher Seite damit einverstanden. Aber es gibt auch kritische Einwände, schließlich wird mit der Gründung eines solchen Staates die Teilung Deutschlands endgültig. Manche wollen den Begriff »Staat« lieber vermeiden, denn er hat einen so endgültigen Charakter. Die gleichen Bedenken sind mit dem Ausdruck »Verfassung« verbunden. Das hört sich so an, als seien die Worte in Stein gemeißelt. Die Ministerpräsidenten entscheiden sich daher für den weniger verbindlichen Ausdruck »Grundgesetz«. Ihre Entschlüsse teilen sie den Westalliierten schriftlich mit und betonen, dass es sich bei dem künftigen Staat »*lediglich um ein Provisorium handelt sowie um eine Institution, die ihre Entstehung lediglich dem augenblicklichen Stand der mit der Besetzung Deutschlands verbundenen Umstände verdankt*«. Tatsache ist, dass man die Verantwortung für die Teilung Deutschlands den Alliierten in die Schuhe schieben will.

Beratung über die »Frankfurter Dokumente« | 1948

Die Vertreter der Besatzungsmächte | 1948

Untergang und Neubeginn

Die zerstörte Kaiser-Wilhelm-Gedächtnis-Kirche in Berlin | 1945

Mit dem Überfall der Wehrmacht auf Polen am 1. September 1939 beginnt der Zweite Weltkrieg. Zunächst sieht es so aus, als könnte nichts den deutschen Vormarsch stoppen. Nach Polen werden Dänemark und Norwegen besetzt, Belgien, die Niederlande und schließlich Frankreich. Am 22. Juni 1941 greift Hitler-Deutschland die Sowjetunion an, doch die gesteckten Ziele werden nicht vollständig erreicht. Im Winter 1942/43 steht fest, dass Deutschland diesen Krieg nicht mehr gewinnen kann. Trotzdem dauert es noch mehr als zwei Jahre bis zur bedingungslosen Kapitulation am 8. Mai 1945.

Ein Land in Trümmern

Nach dem Krieg gleicht Deutschland in vielfacher Hinsicht einem Trümmerfeld. 7,5 Millionen Deutsche – Soldaten und Zivilisten – haben ihr Leben verloren. Viele Städte liegen in Schutt und Asche, zum Teil sind sie bis zu 80 Prozent zerstört. Durch den Zusammenbruch der meisten Transport- und Verkehrswege ist die Versorgung der Bevölkerung mit lebenswichtigen Gütern nicht mehr gesichert. Die Menschen hungern. Mehr als zehn Millionen Flüchtlinge aus den Ostgebieten strömen in das zerstörte Land und müssen irgendwie untergebracht werden. Doch das ist nur die eine Seite. Denn durch die Befreiung der Konzentrationslager kommen jetzt die unbeschreiblichen Gräueltaten des NS-Regimes ans Tageslicht und damit auch die Frage der Schuld. Im November 1945 beginnen die *Nürnberger Prozesse*, die das ganze Ausmaß der Verbrechen offenbaren, insbesondere den Völkermord an den Juden.

Deutschland liegt politisch, wirtschaftlich und moralisch am Boden und niemand weiß, wie es weitergehen wird. Der britische Hochkommissar Ivan Kirkpatrick erinnert sich später: »*Damals sah es in Deutschland erstaunlich aus. Alles, was der moderne Mensch in einer zivilisierten Gesellschaft als lebensnotwendig betrachtet, war verschwunden.*«

Viele empfinden die unmittelbare Nachkriegszeit als »Stunde null«. Damit meinen sie vor allem den absoluten Tiefpunkt der deutschen Geschichte.

Flüchtlinge in Berlin | 1945

In diesem Begriff leuchtet aber auch ein Funke Hoffnung auf. Vielleicht gibt es nach dem Ende des Nationalsozialismus ja doch eine Chance, das Land völlig neu zu gestalten.

Besatzung durch die Alliierten

Noch aber steht Deutschland unter der völligen Kontrolle der Siegermächte. Die USA, Großbritannien, Frankreich und die Sowjetunion beschließen auf der *Potsdamer Konferenz* (17. Juli bis 2. August 1945) die Errichtung von vier Besatzungszonen. Zunächst einmal gehen die Alliierten davon aus, dass alle Deutschen Nationalsozialisten waren oder das NS-Regime zumindest unterstützt haben. Deshalb soll ihr Land hart bestraft und ein für alle Mal als Machtfaktor ausgeschaltet werden. Es gibt sogar Überlegungen, Deutschland in ein reines Agrarland umzuwandeln, doch diese Pläne werden rasch wieder verworfen. Schon ein Jahr nach Kriegsende weichen die USA vom Prinzip der »strikten Niederhaltung« ab. Ziel der neuen Politik ist es, Deutschland in den westlichen Machtbereich einzubinden. Deshalb werden die drei westlichen Besatzungszonen Deutschlands in das Programm des Marshallplans mit einbezogen und erhalten von den USA einen Kredit von 1,7 Milliarden Dollar für den Wiederaufbau. Die drohende Spaltung des Landes wird als das kleinere Übel in Kauf genommen. Denn vor dem Hintergrund des *Kalten Krieges* ist eine Einigung mit der Sowjetunion kaum noch möglich. Diese verfolgt ihre eigenen Interessen und baut die sowjetische Besatzungszone zielstrebig nach sozialistischen Grundsätzen aus.

Bi- und Trizone

Um den politischen und wirtschaftlichen Aufbau im Westen voranzutreiben, werden am 1. Januar 1947 die amerikanische und britische Zone zur sogenannten *Bizone* zusammengefasst. Der ehemalige US-Präsident Herbert C. Hoover begründet das folgendermaßen: »*Die Produktionsfähigkeit Europas kann nicht wiederhergestellt werden, ohne dass Deutschland in die Lage versetzt wird, zu dieser Produktivität beizutragen.*« Deshalb kommt es auf Druck der USA 1948 auch zu einer engen Zusammenarbeit zwischen der *Bizone* und der französischen Zone, weswegen man ab Herbst 1948 von der *Trizone* spricht. Grundvoraussetzung für den künftigen (west-)deutschen Staat und seine wirtschaftliche Basis ist eine Währungsreform, die am 19. Juni 1948 in Kraft tritt. Die Einführung der *Deutschen Mark (DM)* verläuft erfolgreich.

Karte der vier Besatzungszonen

Eröffnungssitzung des Parlamentarischen Rats | Die Westalliierten sind überrascht, ja sogar ziemlich verärgert. Letztlich aber kann man sich doch einigen. Statt einer *Verfassungsgebenden Versammlung* wird eben der *Parlamentarische Rat* zusammentreten und anstelle einer Verfassung das *Grundgesetz* beraten und beschließen. Der neu zu gründende Staat soll auf drei Säulen ruhen: Demokratie, Rechtstaatlichkeit und Föderalismus. Das bedeutet, dass die staatliche Macht sowohl vom Bund als auch von den künftigen Bundesländern ausgeübt wird. So ist eine bessere Kontrolle gewährleistet.

Am 1. September 1948 versammeln sich im Lichthof des *Museums Koenig* 61 Männer und vier Frauen, die meisten von ihnen Beamte und Juristen. Aus ihnen setzt sich der *Parlamentarische Rat* zusammen. Doch auch wenn die Ratsmitglieder höchst unterschiedlichen Parteien angehören – von der konservativen CDU bis zur Kommunistischen Partei Deutschlands (KPD) – so verläuft die Eröffnungssitzung doch recht harmonisch. Mit den Stimmen von CDU und SPD wird der 72-jährige CDU-Politiker Konrad Adenauer zum Präsidenten des *Parlamentarischen Rats* gewählt.

Bundesländer

1945 werden die ehemaligen Regierungsbezirke zu Provinzen zusammengelegt, aus denen später die Bundesländer entstehen: Bayern, Bremen, Hamburg, Hessen, Niedersachsen, Nordrhein-Westfalen, Rheinland-Pfalz und Schleswig-Holstein. Baden, Württemberg-Hohenzollern und Württemberg-Baden werden 1952 zu Baden-Württemberg zusammengefasst. Westberlin ist den Ländern im Wesentlichen gleichgestellt. Das Saarland wird erst 1957 Bundesland.

Aus alten Fehlern lernen | Nach dem Festakt im *Museum Koenig* dürfen die Giraffen wieder an ihre alten Plätze zurückkehren. Die Mitglieder des *Parlamentarischen Rats* ziehen in die ehemalige *Pädagogische Akademie* in Bonn, um dort ihre Arbeit fortzusetzen. Vor ihnen liegt eine schwere Aufgabe. Zunächst

Gespannt verfolgen die Zuschauer die Verabschiedung des Grundgesetzes.

Annahme des Grundgesetzes | 8. Mai 1949

> »Später fragte man mich, ob ich mich selbst gewählt hätte.
> Ich antwortete: ›Selbstverständlich.‹ Etwas anderes wäre mir
> doch als Heuchelei vorgekommen.«

KONRAD ADENAUER ÜBER SEINE WAHL ZUM BUNDESKANZLER

einmal geht es darum, die Schwachpunkte der Weimarer Verfassung von 1919 zu vermeiden. Das künftige Staatsoberhaupt soll nicht mehr mit einer solchen Machtfülle ausgestattet werden wie seinerzeit der Reichspräsident. Vielmehr wird der Bundespräsident in erster Linie der Repräsentant, der Vertreter des Landes nach innen und außen sein. Im Gegenzug wird die Stellung des Bundeskanzlers gestärkt. Er ist nicht mehr ein »Gleicher unter Gleichen« wie der Reichskanzler der Weimarer Republik, sondern bestimmt ganz klar die Richtlinien der Politik. Eine weitere Lehre, die der *Parlamentarische Rat* aus alten Fehlern zieht, ist die Einführung der Fünfprozentklausel bei den Wahlen. Auf diese Weise soll das Parteiensystem stabil gehalten und verhindert werden, dass Regierungskoalitionen aus Splitterparteien vorzeitig auseinanderbrechen. Auch hier dient die Weimarer Verfassung als warnendes Beispiel.

Geburtsstunde der Bundesrepublik | Nach hartem Ringen und erbitterten Diskussionen liegt bereits Ende 1948 ein erster Entwurf des Grundgesetzes vor. Er wird von den Westalliierten etwas überarbeitet, bevor sie am 8. April 1949 ihre Zustimmung geben. Einen Monat später – genau vier Jahre nach der bedingungslosen Kapitulation Deutschlands – verabschiedet der *Parlamentarische Rat* das *Grundgesetz für die Bundesrepublik Deutschland* mit einer Mehrheit von 53 Stimmen. Mehrheitlich nehmen auch die Bundesländer das Grundgesetz an. Am 23. Mai wird das Verfassungswerk feierlich verkündet. Damit schlägt die Geburtsstunde der *Bundesrepublik Deutschland*.

Im August 1949 wird das erste bundesdeutsche Parlament, der Bundestag, gewählt. Die Wahlbeteiligung liegt bei 78,5 Prozent. Die meisten Stimmen entfallen auf die Unionsparteien CDU/CSU. Am 7. September 1949 tritt der *Deutsche Bundestag* zum ersten Mal zusammen – in der ehemaligen *Pädagogischen Akademie* in Bonn.

Konrad Adenauer unterzeichnet das Grundgesetz. | 1949

Die Wahl zum Bundespräsidenten drei Tage später gewinnt
Theodor Heuss (FDP), der an der Entstehung des Grundgeset-
zes wesentlichen Anteil hatte. Am 15. September 1949 wird
Konrad Adenauer zum ersten Kanzler der Bundesrepublik
Deutschland gewählt.

Entscheidung für Bonn | Weil das geteilte Berlin als Hauptstadt
der Bundesrepublik nicht mehr infrage kommt, wird nach
einem neuen Regierungssitz gesucht. Es sieht zunächst so aus,
als habe Frankfurt die besten Chancen. Die Stadt ist seit 1947 Hauptstadt der
Bizone, den beiden vereinten Zonen unter britischer und amerikanischer Militärverwaltung. Zudem ist Frankfurt ein zentraler Verkehrsknotenpunkt. Die
Mainmetropole hat auch den Vorteil, dass man sie mit den freiheitlichen
Bestrebungen der Paulskirche 1848 in Verbindung bringt. Das wäre ein gutes
Zeichen für einen demokratischen Neubeginn.

Das »Bundesdorf« | Bonn hingegen ist eine zwar sehr reizvolle, aber keines-
wegs zentral gelegene, mittlere Kleinstadt am Rhein. Wie soll sie die zahllosen
Beamten und Abgeordneten des Regierungsapparates aufnehmen? Noch etwas
anderes kommt hinzu: Während Frankfurt als wirkliche Hauptstadt gelten
könnte, würde Bonn nur den vorläufigen Charakter der Bundesrepublik unter-

Blick auf die Pädagogische Akademie in Bonn | 1949

streichen. Trotzdem – oder vielleicht auch gerade deshalb – wird Bonn nach zwei knappen Abstimmungen am 30. September und am 3. November 1949 zum neuen Regierungssitz gewählt. Allerdings wollen die Gerüchte nicht verstummen, dass Konrad Adenauer im Hintergrund die Fäden für diese Entscheidung gezogen habe. Schließlich liegt sein Wohnsitz Rhöndorf nur wenige Kilometer von Bonn entfernt.

Theodor Heuss bei der Wahl zum Bundespräsidenten | 1949

Adenauers Erinnerungen | Konrad Adenauer selbst streitet das natürlich ab und schreibt in seinen *Erinnerungen*: »Diesen Vorwurf betrachte ich als sehr naiv. Der ausschlaggebende Grund für die Wahl Bonns zur Bundeshauptstadt war schließlich folgender: Die Engländer hatten eine Erklärung abgegeben, falls Bonn zum Sitz der vorläufigen Bundeshauptstadt gewählt würde, seien sie bereit, das Gebiet von Bonn aus der britischen Zone und Militärverwaltung freizugeben. Die Amerikaner konnten eine solche Erklärung nicht abgeben, weil in Frankfurt eine große Anzahl von amerikanischen Organisationen und wichtigen Verwaltungsstellen ihren Sitz hatte, für die in einer anderen Stadt nur schwer Raum hätte geschaffen werden können.«

Was auch immer die Wahrheit sein mag – Konrad Adenauer bekommt auf jeden Fall, was er will. Und Bonn wird für 41 Jahre Hauptstadt der Bundesrepublik.

Eingeschränkte Souveränität | Trotzdem ist die junge Bundesrepublik nur bedingt souverän, also handlungsfähig und unabhängig. Die oberste Regierungsgewalt bleibt bei den Westalliierten. In einem Besatzungsstatut sichern sie sich folgende Sonderbefugnisse: militärische Sicherheitsfragen, auswärtige Angelegenheiten, die Genehmigung von Grundgesetzänderungen sowie die Kontrolle der Gesetzgebung, der Verwaltung, der Wirtschaft und der Außenhandelsbeziehungen. Obendrein sind sie berechtigt, »aus Sicherheitsgründen oder zur Aufrechterhaltung der demokratischen Ordnung« gegebenenfalls auch die Regierung zu übernehmen. Andererseits hat Adenauer viel erreicht. Am 15. November schreibt die Londoner *Times*: »Obwohl Dr. Adenauer zahlreiche kluge und weitblickende Zugeständnisse gemacht hat, wäre es doch ein Irrtum anzunehmen, Deutschland habe dabei ein Verlustgeschäft gemacht. Wenn es auch die volle Gleichberechtigung noch nicht erlangt hat, so hat es doch eindeutig die Stellung einer Nation bezogen, mit der die Alliierten verhandeln müssen und der sie nicht länger diktieren können.«

Konrad Adenauer

1876 Geburt in Köln

1894–1901 Jura-
studium

1905 Eintritt in die
Zentrumspartei

1917–1933 Ober-
bürgermeister der
Stadt Köln

1933 Absetzung
durch die National-
sozialisten

1946 Vorsitzender
der neu gegründeten
CDU

1949 Erster Bundes-
kanzler der Bundes-
republik Deutschland

1963 Rücktritt vom
Amt des Bundes-
kanzlers

1967 Tod in Rhöndorf
bei Bonn

Geboren in Köln, wächst Konrad Adenauer in kleinbürgerlichen Verhältnissen auf. Weil der Vater aber möchte, dass aus seinem Sohn »etwas Besseres« wird, finanziert er ihm ein Jurastudium. Das erweist sich als »Sprungbrett« für Adenauers politischen Aufstieg. Die geschickte Heirat mit einer Kölnerin, deren Familie über die notwendigen Beziehungen in der Domstadt verfügt, ermöglicht ihm den Einstieg in die Lokalpolitik.

Beginn der politischen Laufbahn in Köln

Adenauer wird zunächst Beigeordneter im Rat der Stadt Köln, schließlich Oberbürgermeister. In diesem Amt entwickelt er ungeheuren Ehrgeiz. Er will Köln im Vergleich zu anderen Städten Deutschlands unbedingt auf einen Spitzenplatz führen. Tatsächlich können sich seine Erfolge sehen lassen. Doch 1933 wird er von den Nationalsozialisten abgesetzt.

Verbittert verlässt Adenauer seine Heimatstadt und zieht sich nach Rhöndorf bei Bonn zurück. Hier muss er bis zum Ende des Zweiten Weltkrieges das Leben eines Frührentners führen. Doch gleich 1945 steigt der inzwischen knapp 70-jährige Adenauer wieder in die Politik ein. Er arbeitet am Parteiprogramm der CDU mit, wird zum Alterspräsidenten des *Parlamentarischen Rats* gewählt und schließlich zum deutschen Bundeskanzler – mit der knappen Mehrheit von nur einer Stimme, seiner eigenen, wie er unumwunden zugibt.

Verdienste um die junge Bundesrepublik

Konsequent geht Adenauer den Weg der Westintegration, also der Einbindung der Bundesrepublik in die westliche Staatengemeinschaft. Politische Gegner werfen ihm vor, dass er dadurch jede Möglichkeit zur deutschen Wiedervereinigung verspielt. Zu Adenauers großen Leistungen zählt, dass es ihm 1955 gelingt, die letzten deutschen Kriegsgefangenen aus der Sowjetunion nach Hause zu holen. Von Bedeutung ist auch seine Freundschaft mit dem französischen Staatspräsidenten Charles de Gaulle. Aus dieser Freundschaft erwächst die Aussöhnung zwischen Deutschland und Frankreich. Dabei ist Adenauers Regierungsstil eher autoritär: »*Ich bin im Gebrauch der Macht gar nicht so pingelig*«, ist eines seiner bekanntesten Zitate.

Im Oktober 1963 tritt Adenauer, inzwischen 87 Jahre alt, vom Amt des Bundeskanzlers zurück. Als er dreieinhalb Jahre später stirbt, erweist ihm bei der Trauerfeier im Kölner Dom die ganze Politprominenz die letzte Ehre. Das hätte dem »*Alten*« gefallen, der einmal von sich selbst gesagt hat: »*Ich stelle fest, meine Damen und Herren, ich bin einzig.*«

»*Männer und Frauen sind gleichberechtigt.*« Heute erscheint es ganz selbstverständlich, dass dieser Satz als Artikel 3 in unserem Grundgesetz steht. Das wäre jedoch nicht der Fall gewesen, hätte die Juristin Elisabeth Selbert nicht so energisch dafür gekämpft.

Einsatz für die Rechte der Frau

Elisabeth Selbert ist 23 Jahre alt, als die Weimarer Verfassung 1919 endlich auch den Frauen das Wahlrecht zugesteht. Als Ehefrau und Mutter von zwei kleinen Söhnen unterscheidet sich ihr Leben kaum von dem anderer Geschlechtsgenossinnen. Doch sie verfolgt aufmerksam die politische Entwicklung und engagiert sich in der SPD. Aber Elisabeth Selbert will mehr. Sie holt das Abitur nach und beginnt in Göttingen ein Jurastudium – als eine von fünf Frauen unter 300 Männern. Immer mehr wird Elisabeth Selbert die Benachteiligung des weiblichen Geschlechts bewusst. Künftig will sie sich daher als Juristin für die Gleichberechtigung der Frau einsetzen.

1934 eröffnet Elisabeth Selbert in Kassel ihre eigene Anwaltskanzlei. Doch in der Zeit des Nationalsozialismus ist es nahezu unmöglich, für mehr Gleichberechtigung zu kämpfen. Aber die mutige Juristin lässt sich von niemandem einschüchtern.

1896 Geburt in Kassel
1925 Externes Abitur
1926–1930 Jurastudium in Göttingen
1934 Eröffnung einer Anwaltskanzlei
1948 Mitglied des Parlamentarischen Rats
1986 Tod in Kassel

Mitglied des Parlamentarischen Rats

Ihr Engagement zahlt sich aus. 1948 wird Elisabeth Selbert in den *Parlamentarischen Rat* berufen, wo sie zusammen mit 61 Männern und drei weiteren Frauen das Grundgesetz erarbeiten soll. Das ist ohnehin schon schwierig genug, wird aber noch schwieriger, als es um die offizielle Gleichstellung von Mann und Frau geht. Eigentlich soll der Satz: »*Männer und Frauen haben die gleichen staatsbürgerlichen Rechte und Pflichten*« in den Verfassungstext aufgenommen werden. Doch das geht Elisabeth Selbert und den drei anderen Frauen nicht weit genug. Sie möchten die Gleichberechtigung vielmehr als Auftrag verstanden wissen. Elisabeth Selbert sagt später dazu: »*Ich wollte die Gleichstellung als imperativen Auftrag an den Gesetzgeber (…) verstanden wissen. Ich hatte nicht geglaubt, dass 1948/49 noch über die Gleichberechtigung überhaupt diskutiert werden müsste und ganz erheblicher Widerstand zu überwinden war. Aber ich habe es dann doch mithilfe der Proteste aller Frauenverbände geschafft. Es war ein harter Kampf, wie die Protokolle des Parlamentarischen Rats beweisen.*«

Doch der Kampf ist nicht zu Ende. Noch jahrelang benötigen Frauen zum Beispiel die Einwilligung ihres Ehemanns, um berufstätig zu sein.

> »Wenn wir eine Regierung gründen, geben wir sie niemals
> wieder auf, weder durch Wahlen noch durch andere Methoden.«
>
> GERHARD EISLER IN DER VORSTANDSSITZUNG DER SED

»Eiserner Vorhang«
Eigentlich handelt es sich dabei um eine Brandschutzeinrichtung im Theater. Doch Winston Churchill benutzt den Ausdruck 1945/46, um die Trennung der Welt in zwei Machtblöcke zu beschreiben: *»Von Stettin an der Ostsee bis Trient am Mittelmeer hat sich ein Eiserner Vorhang auf Europa herabgesenkt.«* Im engeren Sinne bezeichnet der »Eiserne Vorhang« auch die deutsch-deutsche Grenze.

Gründung der DDR | Die Reaktion der Sowjetunion lässt nicht lange auf sich warten. Am 7. Oktober 1949 vollzieht die provisorische Volkskammer in Ostberlin die Gründung eines eigenen Staates, der *Deutschen Demokratischen Republik (DDR)*. Wilhelm Pieck wird zum Staatspräsidenten gewählt, Otto Grotewohl zum Ministerpräsidenten und Walter Ulbricht übernimmt das Amt des Parteivorsitzenden der *Sozialistischen Einheitspartei Deutschlands (SED)*. Das *Politbüro der SED* ist die eigentliche Machtzentrale der DDR. Als hundertprozentiger Vertrauensmann des sowjetischen Diktators Stalin beginnt Walter Ulbricht nun damit, die DDR in einen sozialistischen *»Arbeiter- und Bauernstaat«* umzuwandeln. Die Industriebetriebe gehen in Staatseigentum über, die Bauernhöfe werden in *Landwirtschaftliche Produktionsgenossenschaften (LPGs)* umgewandelt. Das *»kapitalistische Ausland«*, zu dem aus Sicht der DDR auch die Bundesrepublik gehört, gilt als *»Klassenfeind«*. Konrad Adenauer kommentiert die Gründung der DDR am 21. Oktober 1949 in einer Rede vor dem Bundestag: *»In der Sowjetzone gibt es keinen freien Willen der Bevölkerung. Das, was jetzt dort geschieht, wird nicht von der Bevölkerung getragen.«* Durch den *»Eisernen Vorhang«* getrennt, entwickeln sich die beiden deutschen Staaten immer weiter auseinander.

Kundgebung zur Feier der Staatsgründung der DDR | 1949

Debatte im 1. Deutschen Bundestag nach der Regierungserklärung Adenauers | 1949

Westintegration und Wiederaufrüstung | In seiner ersten Regierungserklärung am 20. September 1949 legt Bundeskanzler Konrad Adenauer zwei Leitsätze zur Außenpolitik fest: »*1. Der einzige Weg zur Freiheit ist der, dass wir im Einvernehmen mit der Alliierten Hohen Kommission unsere Freiheiten und Zuständigkeiten Stück für Stück zu erweitern suchen. 2. Es besteht für uns kein Zweifel, dass wir nach unserer Herkunft und nach unserer Gesinnung zur westeuropäischen Welt gehören. Wir wollen zu allen Ländern gute Beziehungen erhalten, insbesondere aber zu unseren Nachbarländern Frankreich, England, Italien und den nordischen Staaten.*«

Das sehen die westeuropäischen Politiker genauso, zumal sie den Eindruck haben, dass ihr Sicherheitssystem in der Mitte des Kontinents eine gefährliche Lücke aufweist. Denn zu den Kernpunkten des *Potsdamer Abkommens* von 1945 gehörte die völlige Abrüstung und Entmilitarisierung Deutschlands. Doch schon 1950 ist von einer Wiederbewaffnung der Bundesrepublik die Rede, die die westliche Abwehr verstärken soll. Das Thema ist durchaus nicht unumstritten. Es gibt heftige Proteste nicht nur in der Bevölkerung, auch im Bundestag. Justizminister Gustav Heinemann tritt aus Protest von seinem Amt zurück.

Gustav Heinemann

1899–1976; Jurist, Politiker. Tritt 1945 in die CDU ein, wird zunächst Oberbürgermeister von Essen, dann Justizminister von Nordrhein-Westfalen und 1949 Bundesjustizminister. Später Mitglied der SPD, von 1969 bis 1974 Bundespräsident.

Angebot der Sowjetunion | Um die Militarisierung der Bundesrepublik zu verhindern, lockt die Sowjetunion mit einer Wiedervereinigung beider deutschen Staaten. Im März 1952 bietet sie die Einsetzung einer gesamtdeutschen Regierung und den Abschluss eines Friedensvertrages an. Im Gegenzug soll das wiedervereinte Deutschland neutral bleiben, also keinem Militärbündnis angehören. Doch Adenauer lehnt die vorgeschlagene Neutralisierung ab. Er fürchtet, dass ein bündnisloses Deutschland zu stark dem sowjetischen Druck ausgeliefert wäre. Adenauers Ängste sind allerdings nicht ausschlaggebend. Entscheidend ist, dass sich die Westmächte beim Aufbau ihres Militärsystems nicht stören lassen wollen.

Schon 1950 hat der britische Premierminister Winston Churchill die Aufstellung einer *Europa-Armee* unter Beteiligung deutscher Kontingente gefordert. Doch die französische Nationalversammlung lehnt die Errichtung einer *Europäischen Verteidigungsgemeinschaft (EVP)* 1954 entschieden ab. Noch gibt es keine Mehrheit in Frankreich für die Wiederbewaffnung Deutschlands.

NATO
North Atlantic Treaty Organization; gegründet 1949 gegen die Bedrohung durch die Ostblockstaaten. Zur Westunion von 1948 mit Frankreich, Großbritannien und den Benelux-Ländern stoßen nun die USA, Kanada, Dänemark, Island, Italien, Norwegen und Portugal. 1952 treten auch Griechenland und die Türkei dem Verteidigungsbündnis bei.

Aufnahme der Bundesrepublik in die NATO | Die Eingliederung der Bundesrepublik in das westliche Bündnissystem gerät ins Stocken. Deshalb entschließen sich die Westmächte zu einem weitreichenden Schritt: der Beendigung des Besatzungsregimes. Mit den *Pariser Verträgen,* die am 24. Oktober 1954 unterzeichnet werden, erhält die Bundesrepublik Deutschland ihre Unabhängigkeit. Damit sind die Voraussetzungen geschaffen, die Bundesrepublik 1955 in das nordatlantische Verteidigungsbündnis *NATO* aufzunehmen.

Jetzt ist auch der Weg für die Wiederaufrüstung der Bundesrepublik frei. Am 27. Februar 1956 stimmt der Deutsche Bundestag mit 315 gegen 157 Stimmen für den Beitritt zur *NATO*. Noch im gleichen Jahr beginnt der Aufbau der Bundeswehr, elf Jahre nach dem Ende des Zweiten Weltkriegs.

Junge Soldaten der neu gegründeten Bundeswehr | 1956

Die Entwicklung der deutschen Parteien

Kurz nach dem Krieg sieht es nicht so aus, als würden die alliierten Siegermächte in absehbarer Zeit die Gründung politischer Parteien zulassen. Doch nachdem die *Sowjetische Militäradministration in Deutschland (SMAD)* die Genehmigung erteilt hat, folgen wenig später auch die Westalliierten. Gerade sie hegen große Zweifel am aufrichtigen Willen der Deutschen zur Demokratie.

Getrennte Wege

In der sowjetischen Besatzungszone (SBZ) gehen die Parteien schon bald den Weg der »politischen Gleichschaltung«. Im April 1946 kommt es zur Zwangsvereinigung der ostdeutschen SPD und der moskautreuen KPD zur *Sozialistischen Einheitspartei Deutschlands (SED)*.

Im Westen hingegen können sich Parteien unterschiedlicher Richtung entfalten. Noch bevor eine parteipolitische Betätigung überhaupt erlaubt ist, gibt es erste Ansätze zur Gründung einer ganz neuen Partei. Sie soll sich an christlichen und freiheitlichen Ideen orientieren. Unter dieser Zielsetzung und mit der maßgeblichen Beteiligung Konrad Adenauers wird 1946 die *Christlich Demokratische Union (CDU)* aus der Taufe gehoben.

Die *Sozialdemokratische Partei Deutschlands (SPD)* unter ihrem Parteiführer Kurt Schumacher (1895–1952) kann dagegen an alte Traditionen anknüpfen. Mit der Verabschiedung des *Godesberger Programms* 1959 zieht sie außerdem einen Schlussstrich unter das alte Klassenkampfdenken. Seither bekennt sie sich grundsätzlich zur Westintegration der Bundesrepublik und zur sozialen Marktwirtschaft.

Stabiles Parteiensystem

Im Dezember 1948 schließen sich verschiedene liberale Gruppierungen zur *Freien Demokratischen Partei (FDP)* zusammen. Die FDP wird wie CDU und SPD zu einem festen Bestandteil des westdeutschen Parteiensystems. Andere Gründungen verschwinden bald wieder. Das gilt sowohl für die katholische *Zentrumspartei* als auch für den 1950 entstandenen *Bund der Heimatvertriebenen und Entrechteten (BHE)*. Zwar kann er 1953 die Fünfprozenthürde überspringen, doch dann verliert er zunehmend seine Wähler. 1952 beantragt die Bundesregierung erstmals Verbote für politische Parteien – für die rechtsextreme *Sozialistische Reichspartei* und die *KPD*. Beide Parteien werden vom Bundesverfassungsgericht verboten. Was zunächst kaum jemand geglaubt hat, ist in den 1950er-Jahren Wirklichkeit geworden: ein stabiles bundesdeutsches Parteiensystem.

CDU-Politiker und Bundeswirtschaftsminister Ludwig Erhard mit seiner Frau Luise | 1949

SPD-Vorsitzender Kurt Schumacher mit seiner Sekretärin Annemarie Renger | 1947

FDP-Vorsitzender Theodor Heuss | 1949

>Hier kommt das Wirtschaftswunder, der deutsche Bauch erholt sich auch und ist schon sehr viel runder. Jetzt schmeckt das Eisbein wieder in Aspik, ist ja kein Wunder nach dem verlorenen Krieg.«

LIED VOM WIRTSCHAFTSWUNDER AUS DEM FILM »WIR WUNDERKINDER« (1958)

Heimatlose und Vertriebene | Ein gewaltiges Problem müssen beide deutsche Staaten bewältigen: die Eingliederung von Millionen Flüchtlingen und Vertriebenen. Sie kommen vorwiegend aus Ostpreußen, Pommern und Schlesien, aber auch aus dem Sudetenland. 1950 beträgt ihr Anteil an der Bevölkerung 16 Prozent in der Bundesrepublik und 27 Prozent in der DDR.

Viele von ihnen kommen zunächst in Massenquartieren unter, meist Barackensiedlungen und ehemalige Kasernen, aber auch Turn- und Fabrikhallen. Die einheimische Bevölkerung nimmt sie nicht gerade mit offenen Armen auf. In manchen Gegenden erschweren konfessionelle Unterschiede die Eingliederung zusätzlich. Erst im Zuge des »Wirtschaftswunders« sieht man in den Neuankömmlingen wertvolle Arbeitskräfte mit begehrten Fähigkeiten.

Das »Wirtschaftswunder« | Es geht wieder aufwärts. Nach einer wirtschaftlich schwierigen Phase Anfang der 1950er-Jahre mit steigenden Preisen und hoher Arbeitslosigkeit springt jetzt der »Konjunkturmotor« an. Die Währungsreform hat Kräfte freigesetzt, mit denen selbst Optimisten nicht gerechnet haben. »Vater« der Währungsreform ist der Volks- und Betriebswirt Ludwig Erhard (1897–1977). Auf ihn geht auch das Konzept der *Sozialen Marktwirtschaft* zu-

Flüchtlingswohnung in Hessen | 1950

Ankunft von Vertriebenen im Lager Friedland | 1955

rück, das er als Bundeswirtschaftsminister (CDU) ab 1949 durchsetzt. Das bedeutet zunächst einmal: Der Markt, das Zusammenspiel von Angebot und Nachfrage, regelt die Preise. Doch der Markt wird durch verschiedene Maßnahmen »gebändigt«. Dazu gehören die Regelung des Kündigungsschutzes für Arbeitnehmer und das Betriebsverfassungsgesetz von 1952.

Allmählich kehrt Normalität ein. Zehn Jahre nach dem Krieg wohnen die meisten Ausgebombten und Flüchtlinge schon wieder recht komfortabel und erfreuen sich eines bescheidenen Wohlstands. Arbeit gibt es für alle, denn infolge der Kriegszerstörungen ist der Nachholbedarf enorm.

Die Hausfrau der Wirtschaftswunderjahre | 1958

»Keine Experimente« | Nach den schwierigen Kriegs- und Nachkriegszeiten sehnen sich die allermeisten Bundesbürger nach Ruhe und Geborgenheit. Gesellschaftliche Veränderungen sind nicht erwünscht. Typisch für diese Grundhaltung ist ein Plakat, mit dem die CDU für die kommenden Bundestagswahlen wirbt. Es zeigt das Porträt von Adenauer und darunter den Slogan »*Keine Experimente*«. Und so geschieht es: Adenauer wird zum dritten Mal wiedergewählt und bleibt bis zu seinem Rücktritt 1963 deutscher Bundeskanzler.

Keine Experimente: Das gilt sowohl für die Bildungspolitik als auch für die Rolle der Frau. »Mutti« gehört jetzt wieder an den Herd. Später wird man nicht zu Unrecht vom »*Mief der Fünfzigerjahre*« sprechen. Zu diesem »*Mief*« zählt auch die fehlende Auseinandersetzung mit der Zeit des Nationalsozialismus.

Der millionste VW-Käfer wird 1955 in Wolfsburg produziert.

BUNDESREPUBLIK

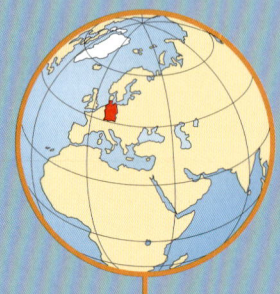

»Kampf dem System« – Die Studentenbewegung

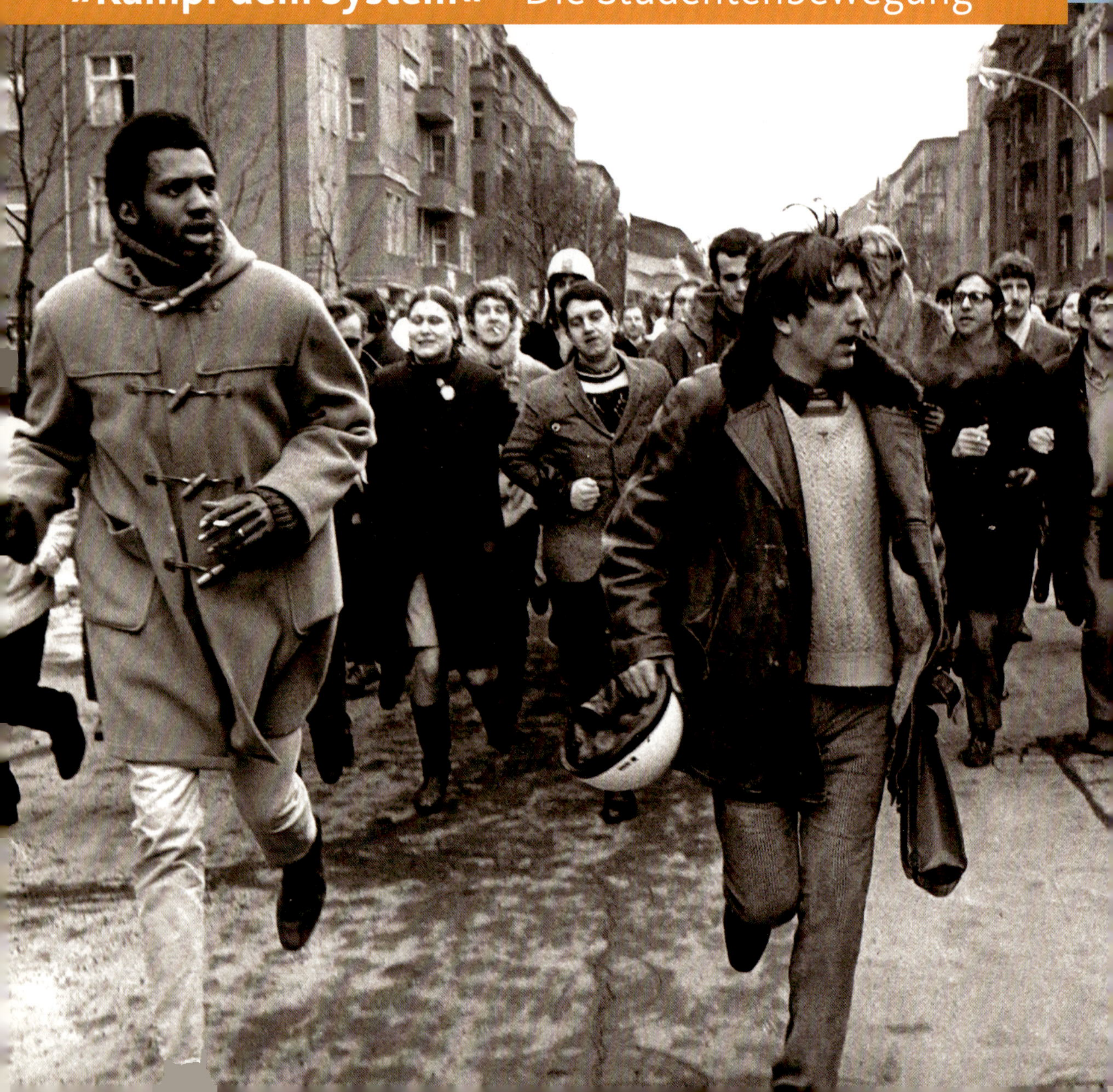

n der zweiten Hälfte der 1960er-Jahre bildet sich unter den Studenten eine Protestbewegung gegen die herrschenden politischen und gesellschaftlichen Verhältnisse. Es kommt zu Demonstrationen gegen den Krieg der USA in Vietnam, doch in Deutschland rebellieren die Studenten auch gegen die politischen Verhältnisse. Zentrum der deutschen Studentenbewegung ist Westberlin. Der Tod eines Studenten bei einer Demonstration am 2. Juni 1967 löst eine gewaltige Protestwelle aus.

Der Schah und Farah Diba in Berlin | 1967

Berlin, 2. Juni 1967 | Schon am Nachmittag versammeln sich Hunderte von Studenten vor dem Schöneberger Rathaus, um gegen Schah Reza Pahlevi von Persien zu demonstrieren. Der Schah hält sich gemeinsam mit seiner Gattin Farah Diba zu einem Staatsbesuch in Berlin auf. Viele Demonstranten haben bereits am Vorabend an einer Veranstaltung in der Freien Universität (FU) teilgenommen, bei der über den Herrscher von Persien informiert wurde. Pahlevi, so hieß es, sei ein Tyrann, der rücksichtslos gegen politische Gegner vorgehe. Man wirft ihm vor, dass er vor Mord und Folter nicht zurückschrecke. Besonders fürchtet die persische Bevölkerung den Geheimdienst *SAVAK*, der vor allem die Intellektuellen im Visier hat.

Vor dem Berliner Rathaus bekommen die Demonstranten die Brutalität zu spüren, mit der der *SAVAK* vorzugehen pflegt. Die elegant gekleideten Herren in den schwarzen Anzügen sehen zunächst ganz harmlos aus: Sie tragen Plakate mit den Porträts des Kaiserpaars und brechen in Jubel aus, als die Staatskarosse anrollt. Doch der Schein trügt. Peter Schneider, einer der Aktivisten

Iranischer Studentenvertreter als Protestredner an der Freien Universität Berlin | 1967

Demonstration gegen den Schahbesuch | 1967

»Nehmen wir die Demonstranten als Leberwurst, dann müssen wir in die Mitte hineinstechen, damit sie an den Enden auseinanderplatzt.«

EINSATZBEFEHL DES BERLINER POLIZEICHEFS ERICH DUENSING

»Jubelperser« gehen auf Demonstranten los, Berlin | 1967

von damals, erinnert sich: »*Kaum war das hohe Paar im Rathaus verschwunden, gingen die später sogenannten ›Jubelperser‹ mit den Holzlatten, an denen die Plakate befestigt waren, auf die Demonstranten los. Es stellte sich heraus, dass sie nicht nur Plakate mitgebracht hatten, sondern auch Holzknüppel und Totschläger.*« Die ersten Demonstranten gehen zu Boden. Obwohl sie nur ein paar schlecht gezielte Farbeier geworfen haben, prügeln die »Jubelperser« hemmungslos auf sie ein.

Doch der eigentliche Skandal ist ein anderer: Die deutschen Polizisten sehen tatenlos zu und machen keinerlei Anstalten, den brutalen Schlägern Einhalt zu gebieten.

Die »Leberwurst-Taktik« | Doch so leicht lassen sich die jungen Leute nicht einschüchtern. Gegen 20 Uhr versammeln sie sich erneut, diesmal vor der Deutschen Oper in Berlin-Lichterfelde. Hier wird das persische Kaiserpaar zur Aufführung der *Zauberflöte* erwartet.

Die Stimmung auf der Straße ist von Anfang an aufgeheizt. Sprechchöre werden laut: »*Mörder, Mörder!*« Tomaten, Eier, Mehltüten fliegen und zerplatzen auf der breiten Fahrbahn, die die Staatsgäste von der wütenden Menge trennt. Als der Schah und Farah Diba im Opernhaus verschwinden, beginnt sich die Gruppe der Demonstranten eigentlich schon aufzulösen. Doch plötzlich tauchen wie aus dem Nichts Polizisten auf, die ohne erkennbaren Grund die Schlagstöcke schwingen. Die Ordnungshüter handeln auf höchsten Befehl. Sie wenden eine Methode an, die der Berliner Polizeichef zynisch als »*Leberwurst-Taktik*« bezeichnet und persönlich angeordnet hat. Vor der Oper kommt es zu einer Straßenschlacht.

Der Publizist Sebastian Haffner sieht fassungslos zu, wie berittene Polizisten die Demonstranten einkesseln und zusammendrängen und dann »*auf die Wehrlosen und übereinander Stolpernden mit hemmungsloser Brutalität*« einknüppeln.

Polizeieinsatz gegen Demonstranten, Berlin | 1967

Ein tödlicher Schuss | Panik bricht aus. Die Demonstranten versuchen nur noch, sich irgendwie in Sicherheit zu bringen. Einer der Polizisten greift zur Waffe und schießt. Die Geschichtsstudentin Friederike Haussmann kann sich später nicht daran erinnern, einen Schuss gehört zu haben. Doch plötzlich sieht sie einen leblosen Mann blutend vor sich auf dem Pflaster liegen. Hilflos schiebt sie ihm ihre Tasche unter den Kopf und ruft verzweifelt nach einem Krankenwagen. Nur wenige Schritte entfernt steht Polizeiobermeister Karl-Heinz Kurras. Aus seiner Pistole wurde der Schuss abgefeuert. *»Bist du wahnsinnig, hier zu schießen«*, schreit ein Kollege, worauf Kurras nur antwortet: *»Die ist mir losgegangen.«* Angeblich hat er *»ein Messer aufblitzen«* sehen.

Wenig später ist die Ambulanz zur Stelle und bringt den schwer Verletzten ins städtische Krankenhaus Moabit. Hier stirbt er an seinen Kopfverletzungen. Sein Name geht in die Geschichte ein: Benno Ohnesorg, 26 Jahre alt, Student der Germanistik. Er war zum ersten Mal in seinem Leben auf einer Demonstration – als harmloser Zuschauer.

Sein Tod löst vor allem in Studentenkreisen eine mächtige Protestbewegung aus, in der sich Wut und Hass auf das gesamte *»System«* entladen. Die zornigen jungen Leute sprechen nicht von *»Staat«*, sondern wählen dieses Wort ganz bewusst. Es lässt an eine dunkle und unheimliche Macht denken, vergleichbar mit dem *»System«* des Nationalsozialismus.

Demonstration anlässlich der Erschießung von Benno Ohnesorg, München | 1967

»Ihr wollt die Massen befreien? Hahahahaha! Von was denn? Von Kühlschränken, Eigenheimen und Autos?«

LIEDERMACHER FRANZ JOSEPH DEGENHARDT IN SEINEM SONG »PROGRESSIV, DYNAMISCH«

Die »Tätergeneration« am Pranger | Der 2. Juni 1967 verschärft noch das Misstrauen gegen den Staat, das vor allem in jungen akademischen Kreisen herrscht. »Sprachrohr« für dieses Misstrauen ist der *Sozialistische Deutsche Studentenbund (SDS)* mit seinem Wortführer Rudi Dutschke. Der SDS bildet den Kern der studentischen *APO*.

Fragen werden gestellt: Was ist das für ein Staat, der Gewalt gegen Unschuldige ungesühnt lässt? Gab es 1949 mit der Gründung der Bundesrepublik tatsächlich einen demokratischen Neubeginn? Oder befinden sich unter den Vertretern von Staat und Wirtschaft noch immer ehemalige Nationalsozialisten? Dieses dunkelste Kapitel der deutschen Geschichte ist bislang nicht aufgearbeitet worden, weder in den Schulen noch durch eine öffentliche Diskussion. War Bundeskanzler Kurt Georg Kiesinger im Dritten Reich nicht Mitglied der NSDAP? Und warum ist Hans Globke, der 1936 die *Nürnberger Gesetze* mitverfasst hat, Staatssekretär? Das Misstrauen gegen Einzelne steigert sich zur Ablehnung des ganzen Staates. Hunderttausende von Studenten gehen in Berlin und anderen deutschen Universitätsstädten auf die Straße und lassen ihrer Wut freien Lauf.

Außerparlamentarische Opposition (APO)
Sie entwickelt sich, weil eine parlamentarische Kontrolle der seit 1966 regierenden Großen Koalition aus CDU und SPD unter Bundeskanzler Kurt Georg Kiesinger (CDU) fehlt. Kritik richtet sich gegen die von der Regierung geplanten Notstandsgesetze, die mangelnde Aufarbeitung der Verbrechen des Nationalsozialismus, ferner gegen rechtsgerichtete Diktaturen auf der ganzen Welt und den *»amerikanischen Imperialismus«*. Gefordert wird zudem eine Demokratisierung der Universitätspolitik.

Ausschreitungen bei einer Demonstration der APO in Berlin | 1968

Arbeiter kontra Studenten | Die *BILD*-Zeitung macht Stimmung gegen die protestierenden Studenten. Mit Schlagzeilen wie »*Stoppt den Terror der Jungroten jetzt!*« und »*Schluss mit Terror und Krawall*« »schießt« sie sich auf die Demonstranten ein.

Gemäß der Parole von Karl Marx »*Proletarier aller Länder vereinigt euch*« möchte der SDS die deutschen Arbeiter mit ins Boot holen. Gemeinsam mit ihnen will man politische und gesellschaftliche Veränderungen herbeiführen. Doch die Arbeiterklasse der Bundesrepublik möchte lieber die Errungenschaften des Wirtschaftswunders genießen als auf die Barrikaden gehen. Mit »Revoluzzern« will man nichts zu tun haben. Ohnehin ist das »Soziologenchinesisch« eines Rudi Dutschke eher dazu angetan, die arbeitende Bevölkerung abzuschrecken.

Die *BILD*-Zeitung schlägt in die gleiche Kerbe und titelt: »*Lasst Bauarbeiter ruhig schaffen. Kein Geld für lang behaarte Affen!*« Tatsächlich sind vielen die »krakeelenden« Studierenden zuwider. Das betrifft vor allem Rudi Dutschke. Sprüche wie »*Lyncht die Sau*« oder »*Schlagt ihn tot!*« bleiben nicht ohne Wirkung: Am 11. April 1968 wird Dutschke Opfer eines Attentats.

Ausgebrannte Transporter des Axel Springer Verlages, Berlin | 1968

Heftige Straßenkämpfe | Dieser Mordanschlag löst die größten innenpolitischen Unruhen aus, die die Bundesrepublik bis dahin erlebt hat. Nicht nur auf den Westberliner Straßen spielen sich tumultartige Szenen ab. Gewalt gibt es auf beiden Seiten. Demonstranten prügeln sich mit der Polizei, die wiederum Gummiknüppel und Wasserwerfer einsetzt. An den Ostertagen 1968 entlädt sich die ganze Wut der jungen Leute. Und eines steht für sie fest: »*BILD hat mitgeschossen!*« steht auf den Transparenten, die sie durch die Straßen tragen.

Osterunruhen nach dem Anschlag auf Dutschke, Berlin | 1968

Rudi Dutschke

Schon als Jugendlicher tritt Rudi Dutschke ohne Rücksicht auf persönliche Nachteile für seine Überzeugung ein. Weil er den Wehrdienst bei der Nationalen Volksarmee der DDR verweigert hat, bleibt ihm der Zugang zur Universität versperrt.

Politstar und Hassfigur

Kurz vor dem Mauerbau zieht Dutschke nach Westberlin und beginnt mit dem Studium der Soziologie an der Freien Universität. Er engagiert sich im *Sozialistischen Deutschen Studentenbund (SDS)* und steigt wegen seiner Beredsamkeit und seines Wissens schon bald zum Wortführer auf. In der breiten Öffentlichkeit aber hat er eher das schlechte Image eines fanatischen »Revoluzzers«. Besonders die *BILD*-Zeitung macht Dutschke zur Hassfigur: Sie erweckt bei ihren Lesern den Eindruck, dass Dutschke die Bundesrepublik zu einem sozialistischen Staat umgestalten wolle, in dem die Menschen keinen Besitz mehr haben dürften. Privat hingegen ist der Studentenführer eher bürgerlich. 1966 heiratet er und hat mit seiner Frau drei Kinder.

Drei Schüsse

Als er am 11. April 1968 das Haus verlässt, kommt plötzlich ein Mann auf ihn zu und fragt: »*Sind Sie Rudi Dutschke?*« Als er bejaht, schreit der Mann: »*Du dreckiges Schwein*«, zieht eine Pistole aus seiner Jacke und drückt ab. Rudi Dutschke liegt blutend auf der Straße, die Schüsse haben ihn in Kopf und Schulter getroffen. Tatzeugen alarmieren die Polizei. Der Attentäter, der 24-jährige Josef Bachmann, flieht, kann aber wenig später verhaftet werden.

Dutschke kommt ins Krankenhaus, wo die Ärzte um sein Leben kämpfen. Die Schüsse haben Teile des Gehirns zerstört. Als er endlich entlassen wird, muss er mühsam Lesen und Schreiben lernen. Dutschke zieht sich völlig aus der Öffentlichkeit zurück. Nach einer längeren Odyssee findet die Familie eine neue Heimat im dänischen Århus, wo Dutschke seine Dissertation schreibt.

Obwohl er häufig von Angstzuständen heimgesucht wird und Menschenmassen meidet, betätigt er sich nochmals politisch und schließt sich der Umwelt- und Anti-Atomkraft-Bewegung an. Mit fast 40 Jahren sieht er eine neue Perspektive bei den *Grünen,* die kurz vor ihrer Parteigründung stehen. Doch dann erleidet Rudi Dutschke am Weihnachtsabend 1979 einen epileptischen Anfall als Spätfolge des Attentats und ertrinkt in der Badewanne.

Am 30. April 2008 wird ein Teil der Berliner Kochstraße in Rudi-Dutschke-Straße umbenannt. Sie grenzt direkt an die Axel-Springer-Straße.

Der Verleger Axel Springer gehört zu den umstrittensten Persönlichkeiten der deutschen Nachkriegsgeschichte. Für die 68er-Bewegung wird er zum Feindbild schlechthin. Sie macht ihn und die Zeitungen seines Verlages für das Attentat auf Rudi Dutschke verantwortlich, weil durch zahlreiche Schlagzeilen die Angst der Bevölkerung vor einem radikalen Umsturz geschürt wurde.

Herrscher über einen Zeitungskonzern

Dem Hamburger Verlegersohn ist die berufliche Laufbahn vorgezeichnet. Der junge Springer arbeitet sich im väterlichen Unternehmen nach oben und steigt 1937 zum stellvertretenden Chefredakteur auf. Vom Einsatz im Zweiten Weltkrieg bleibt er verschont. Bereits 1945 bemüht sich Axel Springer erfolgreich um eine der Drucklizenzen, die von den Alliierten vergeben werden.

Nur ein Jahr später beginnt mit der Gründung der *Axel Springer GmbH* der steile Aufstieg des Hamburger Zeitungsimperiums. Allein die Programmzeitschrift *HÖRZU* erreicht bald die Millionenauflage. Doch der eigentliche Coup gelingt Springer mit dem Boulevardblatt *BILD*, das erstmals 1952 erscheint und bis heute als auflagenstärkste Zeitung Europas gilt. Es folgen *Die Welt, Welt am Sonntag* und 1956 die *BILD am Sonntag*.

Feindbilder DDR und Studentenrevolte

In Westberlin eröffnet Springer 1966 ein neues Verlagshaus in der Kochstraße nahe der Berliner Mauer. Das kann durchaus als Kampfansage verstanden werden, denn Axel Springer erkennt die 1948 gegründete DDR nicht an. In sämtlichen Publikationen seines Verlages muss das Kürzel der Deutschen Demokratischen Republik in Anführungszeichen stehen: »*DDR*«.

Auch die Studentenunruhen werden mit verächtlichen Bildern und Schlagzeilen kommentiert, was die Demonstranten ebenfalls wenig zimperlich mit »*SPRINGER-PRESSE HALT DIE FRESSE*« beantworten. Dabei gibt der Verleger selbst zu: »*Jedermann weiß, dass diese Zeitung nicht schüchtern ist. Man weiß, dass BILD gehalten ist, holzschnittartig zu formulieren.*«

Die andere Seite

Weniger bekannt ist Axel Springers Engagement für die Aussöhnung mit Israel, für die er 1978 mit der Leo-Baeck-Medaille ausgezeichnet wird. Privat bleibt er von Schicksalsschlägen nicht verschont. Nach dem Freitod seines Sohnes Axel Springer jr. im Januar 1980 zieht er sich zunehmend aus dem Verlagsgeschäft zurück und stirbt fünf Jahre später im Alter von 73 Jahren.

1912 Geburt in Hamburg

1928–1932 Lehre als Drucker und Setzer

1937 Stellvertretender Chefredakteur der Hamburger Neuesten Zeitung

1946–1985 Gründer, Inhaber und Verleger des Verlages Axel Springer GmbH

ab 1980 allmählicher Rückzug aus dem Konzern

1985 Tod in Westberlin

Ulrike Meinhof

Gegen die Notstandsgesetze | Am 11. Mai 1968 gehen in der Bundeshauptstadt Bonn 70 000 Demonstranten auf die Straße. Ihr Protest richtet sich gegen die von der Regierung geplante Verabschiedung der sogenannten *Notstandsgesetze*. Sie sollen die Handlungsfähigkeit der Regierung bei Unruhen, Katastrophen oder im Verteidigungsfall sichern.

Viele Bürger, längst nicht nur Studenten, sehen in den *Notstandsgesetzen* eine Bedrohung ihrer demokratischen Grundrechte. Sie haben Angst vor einem schleichenden Übergang in eine Diktatur, so wie damals am Ende der Weimarer Republik. Doch dann geschieht das Unerwartete: Als der Bundestag die *Notstandsgesetze* verabschiedet, schließt er ein Widerstandsrecht gegen missbräuchliche Anwendung ein. Auf den Straßen wird es wieder ruhiger. Die Studenten kehren in ihre Hörsäle zurück.

Andreas Baader

Die Rote Armee Fraktion | Nur eine fanatische Minderheit ist fest entschlossen, dem vermeintlich tyrannischen Staat bewaffneten Widerstand entgegenzusetzen. Den Kern dieser Gruppe bilden Andreas Baader, Ulrike Meinhof und Gudrun Ensslin, die Gründer der Terrororganisation *Rote Armee Fraktion (RAF)*. Ihr Ziel ist der gewaltsame Umsturz. Weil die meisten Bundesbürger mit den bestehenden Verhältnissen zufrieden sind, muss das Vertrauen der Menschen in ihren Staat erschüttert werden. Dazu dienen der *RAF* vor allem Terroranschläge.

Um das »*System*« zu provozieren, wollen es die Terroristen an seinen empfindlichsten Stellen treffen: Das sind die Vertreter von Staat und Wirtschaft, also Politiker, Juristen und Bankiers. Mit Attentaten hinterlässt die *RAF* eine blutige Spur: Im November 1974 wird Günter von Drenkmann in Berlin er-

Gudrun Ensslin

Tatort der Entführung von Hanns Martin Schleyer | 1977

mordet, der Präsident des Kammergerichts. Im Mai 1977 stirbt Bundesstaatsanwalt Jürgen Buback durch Schüsse der *RAF,* wenige Wochen später Jürgen Ponto von der *Dresdner Bank.* Im September 1977 erreicht der Terror seinen traurigen Höhepunkt mit der Entführung und Ermordung des Arbeitgeberpräsidenten Hanns Martin Schleyer.

Und tatsächlich, der Staat reagiert wie von den *RAF*-Terroristen geplant. Sie wollen, dass das »System« seine hässliche, aus ihrer Sicht »faschistische« Fratze zeigt. Die staatlichen Maßnahmen, die nun ergriffen werden, scheinen das zu bestätigen: Telefongespräche werden abgehört, zahllose Wohnungen durchsucht, Autofahrer mit vorgehaltener Maschinenpistole kontrolliert. Doch das von der *RAF* erhoffte Aufbegehren der deutschen Bevölkerung bleibt aus. Im Gegenteil: Die meisten Bundesbürger sind durchaus damit einverstanden, dass sich »ihr« Staat auf diese Weise zur Wehr setzt.

Zwar können die führenden Köpfe der *RAF* schon 1972 verhaftet werden, doch nur kurze Zeit später führt eine »zweite Generation« neue Anschläge durch. Ihr wichtigstes Ziel ist es, die Freilassung der inhaftierten Gesinnungsgenossen zu erzwingen. Doch der bundesdeutsche Staat lässt sich nicht erpressen. Ulrike Meinhof nimmt sich 1976 in der Haftanstalt Stuttgart-Stammheim das Leben, Andreas Baader und Gudrun Ensslin ein Jahr später.

Der entführte Hanns Martin Schleyer | 1977

Ein neuer Lebensstil | Zu den Menschen, die man heute »Achtundsechziger« nennt, gehören auch diejenigen, die neue Lebensformen suchen. Sie entziehen sich dem »*Konsumterror*« der Wohlstandsgesellschaft, leben in Kommunen, gründen Kinderläden und Kooperativen. Vor allem treten sie gegen den Krieg in der Welt ein. Hier liegen unter anderem die Anfänge der Öko- und Friedensbewegung der 1980er-Jahre.

In den Kommunen herrscht die Ansicht, dass eine »neue Gesellschaft« auch »neue Menschen« brauche, deren Entwicklung nicht durch Ge- und Verbote behindert werden darf. Die »antiautoritäre« Erziehung ist »in«, in den »*Kinderläden*« dürfen die Kleinen selbstbestimmt tun, was sie wollen.

Diese Projekte und Experimente haben nicht nur die Gesellschaft der Bundesrepublik nachhaltig verändert: Die Emanzipation der Frau, die Schwulen- und Lesbenbewegung, die Selbstverständlichkeit, auch ohne Trauschein zusammenzuleben und Kinder zu haben, und nicht zuletzt eine gewaltfreie Erziehung – das sind nur einige der Dinge, von denen viele noch zu Beginn der 1960er-Jahre kaum zu träumen wagten.

Antiautoritärer Kinderladen | 1974

Iran

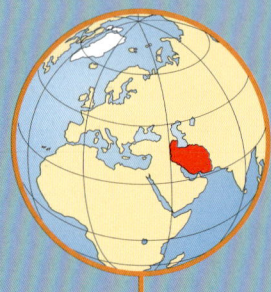

»Allah ist groß« – Die Geburt des Gottesstaates

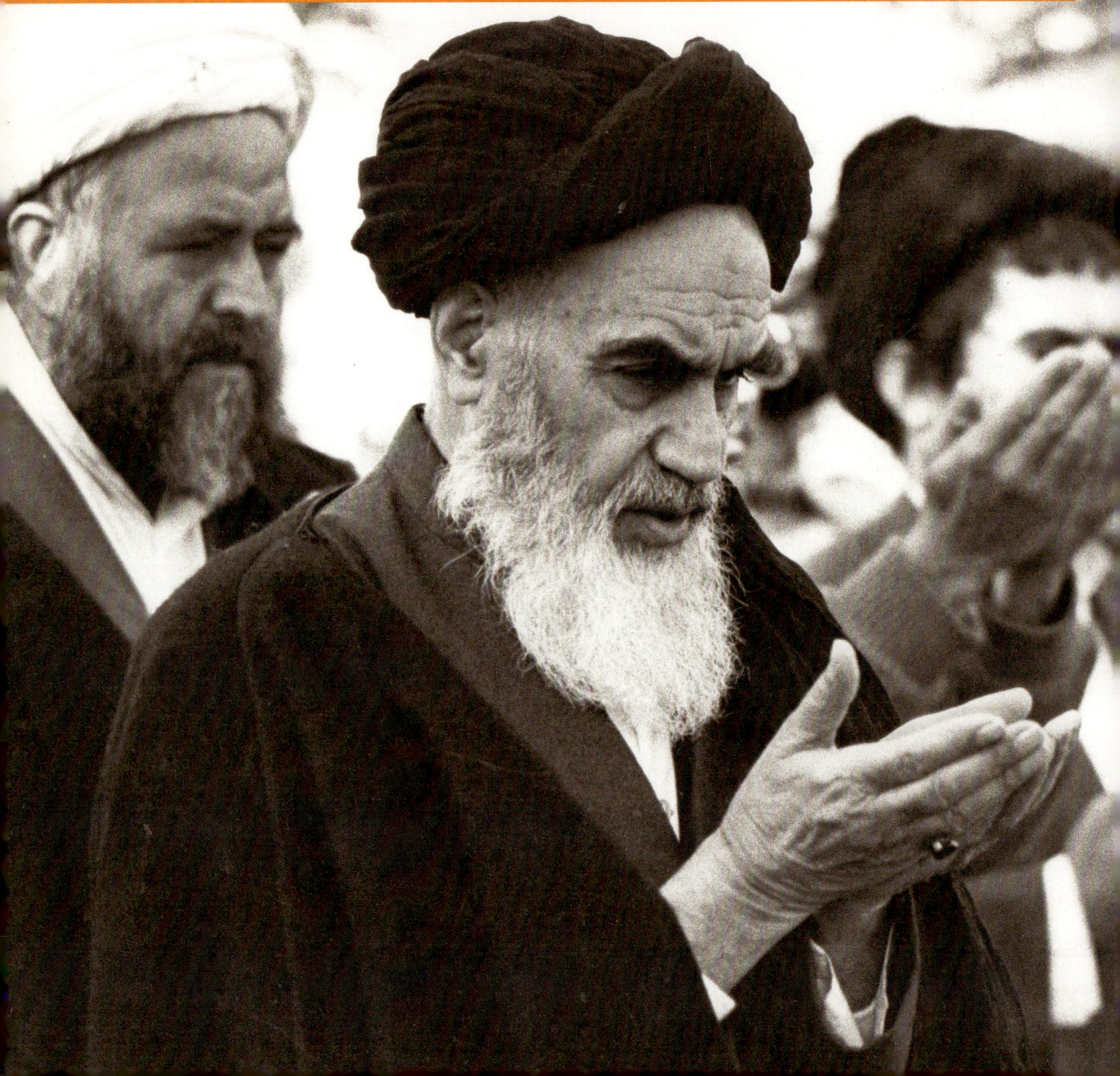

Schah Mohammed Reza Pahlevi regiert den Iran als Diktator mit harter Hand. Seine selbstherrliche und verschwenderische Herrschaft erfüllt viele Iraner mit Zorn. Die Masse der Bevölkerung lebt in Armut, während sich eine kleine westlich orientierte Oberschicht schamlos bereichert. Immer mehr Menschen suchen ihr Heil in der Religion, dem Islam. Der glühend verehrte Ayatollah Khomeini nutzt diese Leidenschaft, um 1979 den Schah zu stürzen und eine islamische Republik auszurufen. Unter seiner Führung beginnt die Herrschaft der Gottesmänner.

Der Hoffnungsträger | Millionen Menschen auf Teherans Straßen starren am Vormittag des 1. Februar 1979 in einen strahlend blauen Himmel. Irgendwo von dort oben muss er kommen, ihr religiöser Führer, von dem sie sich eine Besserung ihrer Lebensverhältnisse erhoffen. Endlich ist am Himmel der zarte Silberstreif jener Air-France-Maschine auszumachen, mit der Ayatollah Ruhollah Khomeini von Paris nach Teheran einschwebt. Jubel brandet auf, als die Massen den Religionsgelehrten und Schah-Kritiker nach 15 Jahren im Exil erstmals wieder leibhaftig sehen. *»Du bist meine Seele, Khomeini!«*, rufen sie ihm zu. Der Mann, dem diese Zuneigung gilt, wirkt nach außen streng und unnahbar. Er trägt einen weißen Bart und einen schwarzen Turban. Doch der 78-jährige Greis weiß die Menschen für sich einzunehmen. Er fährt als Erstes zum Teheraner Zentralfriedhof, um die Toten der Revolution zu ehren, und

Ayatollah Khomeini bei seiner Rückkehr nach Teheran | 1979

spricht damit den bei den schiitischen Gläubigen tief verwurzelten Märtyrer-kult an. »*Im Namen Gottes des Allmächtigen. Wir haben in dieser Zeit viel Unheil erlebt. (…) Das Unglück der Frauen, deren Söhne gestorben sind, die Männer, die ihre Kinder verloren haben, die Kinder, die ihre Väter verloren haben. (…) Ich kann den Schaden, den unsere Bevölkerung erlitten hat, nicht wiedergutmachen. (…) Gott soll ihr den gerechten Lohn geben.*«

Aufbruch in eine neue Zeit | Die Menschen sind begeistert, diese Worte treffen ihre Gefühle. »*Wir sind alle deine Soldaten, Khomeini, nur dir gehorchen wir, Khomeini*«, rufen sie. Mit scharfen Worten attackiert der Ayatollah dann die Herrschaft des Schahs und kündigt die Berufung einer neuen Regierung an. Überall im Land stürzen nun aufgebrachte Menschen die Reiterstandbilder des Schahs, räumen die Bilder des einst mächtigsten Mannes des Mittleren Ostens aus Amtsstuben und öffentlichen Gebäuden weg und treten die Symbole seiner Kaisermacht mit Füßen. Schah Mohammed Reza Pahlevi hat das Land bereits am 16. Januar überstürzt verlassen. Seine Generäle haben angesichts der auf-ständischen Bevölkerung ihre Neutralität erklärt und machen damit den Sieg der Revolution endgültig. Niemand aus dem Volk weint dem Monarchen auch nur eine Träne nach.

Iraner demonstrieren für die Islamische Republik. | 1979

Krönung des Schahs | 1967

Und das hat seinen Grund: Der Schah regiert autoritär und praktisch uneingeschränkt durch das Parlament, sein Geheimdienst *SAVAK* unterbindet jede oppositionelle Regung. Zudem gilt er als Marionette des Westens, da er die ausländischen Erdölgesellschaften im Land gewähren ließ. Das luxuriöse Leben am Hof und die teuren Hobbys des Schahs, der gern schnelle Autos fährt, ins Ausland reist und sich im Licht der internationalen Presse sonnt, stehen im krassen Gegensatz zur Armut der einfachen Iraner. Millionen Menschen gehen daher auf die Straßen, als der *»König aller Könige«*, wie er sich selbst nennt, endlich außer Landes flieht. Sie feiern den Umsturz, doch welche Regierungsform künftig die Monarchie ersetzen soll, das wissen die meisten Iraner nicht. Für sie zählt nur eins: Der Schah ist gestürzt.

Ayatollah

Dieser Ehrentitel bedeutet so viel wie »Zeichen Gottes«. Im Iran wird der Titel nur führenden Religionsgelehrten verliehen, die aufgrund ihrer Kenntnisse Rechtsgutachten erstellen dürfen.

Enttäuschte Hoffnungen | Vor allem sind die Iraner enttäuscht von der Modernisierungspolitik des Schahs. Zwar hat dieser mit aller Macht daran gearbeitet, aus dem rückständigen Agrarland einen modernen Industriestaat nach westlichem Vorbild zu machen. Die sozialen und politischen Errungenschaften des Westens wurden dabei jedoch nicht übernommen. Demokratisierung, Parlamentarismus und allgemeinen Wohlstand sucht man im Iran vergeblich.

Vergebliche Reformen | Die Einnahmen aus dem Ölgeschäft sind nur in eine rücksichtslose Industrialisierung geflossen: In den Großstädten prägen Hochhäuser das Bild, qualmende Fabrikschlote und Bohrtürme beherrschen die ländlichen Gebiete. Von der »Weißen Revolution« des Schahs hat die Masse der Iraner nicht profitiert. Wegen einer völlig misslungenen Landreform ist die Landflucht groß. Die weltlichen und geistlichen Großgrundbesitzer sollten zwar enteignet werden, doch gelang es nicht, die Bauern zu Eigentümern des Bodens zu machen. Sie sanken vielmehr zu rechtlosen Landarbeitern herab, viele flohen in die völlig überfüllten Städte mit ihren wachsenden Elendsvierteln. Schlecht ausgebildet und sozial entwurzelt, fühlten sich die meisten Zuwanderer verunsichert. 1963 entlud sich ihr Zorn gegen die Revolution von oben in einem Volksaufstand. Tausende Demonstranten zogen schon damals durch die Städte, doch der Schah ließ auf sie schießen. Als hartnäckiger Kritiker des Schah-Regimes trat Ayatollah Khomeini hervor, für den die Reformen eine Zerstörung der islamischen Kultur bedeuteten.

Ruhollah Musawi Khomeini
1902–1989, seit 1936 Lehrer für islamisches Recht in Ghom. 1963 Aufruf zum Widerstand gegen die Reformen des Schah, Verhaftung und Verbannung. Lebt bis 1979 in Paris, dann Rückkehr in den Iran und Gründung der Islamischen Republik.

Die Eskalation | Der aufrührerische Khomeini muss außer Landes gehen, zunächst in die Türkei, später in den Irak. Agenten des Geheimdienstes ermorden dort 1977 seinen ältesten Sohn Mustafa. Doch der wortgewaltige Prediger ist damit nicht zum Schweigen zu bringen. Er nimmt seine revolutionären Reden auf Tonkassetten auf und lässt diese in den Iran schmuggeln, sodass viele Menschen seine Gedanken hören können. Der Ayatollah befürwortet eine an den Grundsätzen des Islam orientierte Regierung, in der weltliche und religiöse Herrschaft in

Exil-Iranerinnen falten Botschaften des Ayatollah Khomeini, die in den Iran geschmuggelt werden.

einem Amt vereint sind. Der ranghöchste Geistliche soll auch die politische Führung übernehmen. Dies ist allerdings nur ohne den Schah zu verwirklichen. Immer wieder gehen die Iraner unter Führung der Geistlichkeit auf die Straßen. 1978 wird Khomeini auf Druck des Schahs von dem irakischen Machthaber Saddam Hussein aus dem Irak gewiesen. Er geht nach Frankreich und wohnt dort in der Kleinstadt Neauphle-le-Château bei Paris. Der Ort ist gut gewählt, denn er sichert ihm die Aufmerksamkeit der internationalen Presse, die sich in Paris tummelt. Man sieht den Geistlichen friedlich unter einem Apfelbaum in seinem Garten beim Gebet sitzen. Er empfängt viele Gäste und gibt Interviews, in denen er versichert, dass er an politischer Macht nicht interessiert sei. Er verspricht vielmehr Parteien- und Meinungsfreiheit, die Aufhebung der Zensur und für die Frauen volle Entfaltungsmöglichkeiten. Dies sichert ihm vorerst die Unterstützung der gemäßigten iranischen Oppositionsgruppen im Exil.

Ayatollah Khomeini im französischen Exil | 1979

Die Gründung der Islamischen Republik | Im Iran kommt es unterdessen zu schweren Zusammenstößen zwischen Militär und Demonstranten. Die führenden westlichen Staaten entziehen daraufhin dem Schah ihre Unterstützung. Am 16. Januar 1979 flieht der Monarch schließlich außer Landes. Der Weg zur umjubelten Rückkehr des Ayatollahs ist damit frei.

Zunächst ernennt Khomeini den gemäßigten Politiker Mehdi Bazargan zum Ministerpräsidenten einer provisorischen Regierung, doch im Hintergrund arbeitet er an einer tief greifenden Umgestaltung des politischen und gesellschaftlichen Lebens. Zielstrebig bauen seine Anhänger Parallelorganisa-

Anti-Schah-Demonstration in Teheran | 1979

Kundgebung für die Islamische Revolution | 1979

Mullahs in der heiligen Stadt Ghom

tionen zu Armee, Justiz und Polizei auf, die sich der Kontrolle durch die Regierung entziehen. Im März 1979 stimmen die Iraner in einem Volksentscheid über die neue Staatsform ab. Sie haben allerdings nur die Wahl zwischen Monarchie und Islamischer Republik, sodass sich 98,2 Prozent der Wähler für die letztere Variante entscheiden.

Zur Herrschaft des Schahs will niemand zurück, doch die meisten Iraner reiben sich verwundert die Augen, als sie die von einem Expertenrat ausgearbeitete neue Verfassung sehen. Hier steht nichts mehr von demokratischen Werten und Freiheiten, in ihr ist vielmehr die Herrschaft des »obersten Rechtsgelehrten« – das heißt Khomeinis selbst – festgeschrieben. Die überwältigende Mehrheit der iranischen Wähler gibt dieser neuen Verfassung in einer Volksabstimmung trotzdem ihre Zustimmung. Die bewaffneten Revolutionswächter, die alle Andersdenkenden rücksichtslos verfolgen, schützen die neue Herrschaft der Gottesmänner.

Der »Gottesstaat« | Alle Bereiche des Lebens werden nun umgestaltet. Die Pressefreiheit wird abgeschafft, oppositionelle politische Gruppierungen verboten, das Rechtswesen den religiösen Vorgaben des Islam unterworfen. »Lasst euch nicht durch das Wort Demokratie in die Irre führen!«, warnt Khomeini seine Landsleute, »Demokratie ist westlich und wir lehnen westliche Systeme ab.« So verschwinden Minirock und Bluejeans aus dem Straßenbild, denn die Frauen müssen sich verschleiern und aus dem öffentlichen Leben zurückziehen. Auch in Schulen, Universitäten und Bibliotheken hält der neue Zeitgeist

> »Wir müssen die Unmoral in unserer Gesellschaft ausrotten.
> Wir werden die gesamte Presse, den Rundfunk, das Fernsehen,
> die Kinos von der Unmoral reinigen. Alles muss sich am Islam
> orientieren.«

KHOMEINI NACH SEINER RÜCKKEHR IN DEN IRAN, 1979

Einzug: Die Lehrpläne werden umgestaltet, Bücher mit antiislamischen Tendenzen weggeräumt, nicht willfährige Professoren und Lehrer aus ihren Ämtern verjagt. Manche Universitäten, die als Horte des weltlichen Denkens gelten, bleiben über Jahre hinweg geschlossen. Die Gefängnisse füllen sich rasch mit politischen Gefangenen. Jeder, der sich dem Ayatollah widersetzt, wird als *Glaubensfeind* verfolgt.

Die Unterdrückung der Opposition |

Bis zu seinem Tod am 3. Juni 1989 hält Khomeini die Macht fest in seinen Händen. Als oberster geistlicher Führer bestimmt er die Geschicke des Landes, obwohl längst nicht alle Rechtsgelehrten mit seiner Vorstellung vom Gottesstaat einverstanden sind. Es gibt auch hochrangige Geistliche, die eine Trennung von weltlicher und geistlicher Macht und ein Mehrparteiensystem befürworten. Khomeini macht alle seine Kritiker mundtot, indem er sie verhaften oder unter Hausarrest stellen lässt.

Als hartnäckige Gegner erweisen sich die linksgerichteten *Volksmudschaheddin,* die im Untergrund gegen das Regime kämpfen, ohne sich durchsetzen zu können. Selbst die ergebensten Anhänger des Revolutionsführers befallen angesichts seiner Machtfülle Zweifel über den richtigen Kurs. Viele kritische Iraner fliehen ins Ausland, sofern sie entkommen können und nicht inhaftiert oder hingerichtet werden.

Iranerinnen im Tschador

Im Iran üben die Religionsgelehrten, die Mullahs, alle Macht aus. Sie bestimmen, was im Land geschieht. Die Verfassung kennt zwar einige demokratische Einrichtungen wie das Parlament oder den durch direkte Wahlen bestimmten Staatspräsidenten, doch besitzen sie nicht die entscheidende Macht. Diese liegt bei den von islamischen Geistlichen beherrschten Verfassungsorganen. Daher spricht man von einem »Gottesstaat«.

Der starke Mann an der Spitze

Die höchste Instanz in der Islamischen Republik Iran ist der »*oberste Rechtsgelehrte*«, bei dem alle Fäden der Macht zusammenlaufen. Bis zu seinem Tod übt Khomeini dieses Amt selbst aus, nach seinem Ableben wird Ali Khamenei vom *Expertenrat* mit dieser Funktion betraut. Der »*oberste Rechtsgelehrte*« lenkt die Geschicke des Landes. Er bestimmt nicht nur den obersten Richter und den Oberbefehlshaber der Armee, er kann auch über Krieg und Frieden entscheiden, den gewählten Staatspräsidenten entlassen und in die Zusammensetzung aller wichtigen Verfassungsorgane, des *Wächterrats*, des *Schlichtungsrats* oder des *Expertenrats*, eingreifen.

Zentren der Macht

Als wichtigstes Instrument steht dem »*obersten Rechtsgelehrten*« der *Wächterrat* zur Verfügung, dessen Mitglieder er zur Hälfte selbst ernennt. Der *Wächterrat* überprüft jedes vom Parlament verabschiedete Gesetz auf seine Vereinbarkeit mit dem Islam und kann auf diese Weise jedes Reformvorhaben des Parlaments stoppen. Zugleich entscheidet der *Wächterrat* über alle Bewerber auf den Wahllisten zu den Präsidentschafts- und Parlamentswahlen. Folglich nimmt er auf jede Wahl entscheidenden Einfluss. So nützt es wenig, dass zu den sechs vom »*obersten Rechtsgelehrten*« ernannten Mitgliedern des *Wächterrates* weitere sechs vom Parlament Vorgeschlagene treten, da auch diese Abgeordneten nicht ohne Zustimmung des *Wächterrates* im Parlament sitzen.

Mitglieder des Expertenrats im iranischen Parlament

Der ebenfalls vom »*obersten Rechtsgelehrten*« ernannte *Schlichtungsrat* dient der Vermittlung bei Konflikten zwischen Parlament und *Wächterrat*. Damit soll eine Lähmung der Regierungsarbeit vermieden werden. Der *Schlichtungsrat*, der in strittigen Fragen die letzte Entscheidungsgewalt besitzt, kann außerdem aus eigener Initiative Gesetze erlassen. Damit steht er über dem Parlament und der Regierung.

Die 86 Geistlichen des *Expertenrats* werden formal zwar vom Volk gewählt, doch können sich nur Bewerber zur Wahl stellen, die der »*oberste Rechtsge-*

lehrte« ernannt oder der *Wächterrat* gebilligt hat. Der *Expertenrat* wählt den »*obersten Rechtsgelehrten*«, kontrolliert ihn in seiner Amtsführung und kann ihn theoretisch wieder absetzen, doch angesichts der Machtverhältnisse ist eine Abwahl äußerst unwahrscheinlich.

Die Rolle des Volkes

Das Wahlvolk spielt im Iran nur eine untergeordnete Rolle. Zwar können Männer und Frauen gleichermaßen wählen gehen, doch die vom *Wächterrat* vorgenommene Kandidatenauslese schränkt ihre Wahlfreiheit ein. Außerdem werden nur Parteien zugelassen, die sich vorbehaltlos zur Verfassung der Islamischen Republik bekennen, sodass eine unabhängige Opposition kaum entstehen kann. Von einer »Herrschaft des Volkes« ist der Iran daher weit entfernt.

Den Volksvertretern im Parlament ist es fast unmöglich, Reformvorhaben umzusetzen, die den konservativen Geistlichen im *Wächterrat* widerstreben.

Auch der vom Volk direkt gewählte Staatspräsident ist in seiner Macht eingeschränkt. Er leitet zwar die Exekutive, also die Regierung mit allen Ministerien und die öffentliche Verwaltung. Aber trotzdem bleibt der Staatspräsident auf die Unterstützung des »*obersten Rechtsgelehrten*« angewiesen, ohne oder gegen den er nicht regieren kann. Er kann weder über die politischen Richtlinien entscheiden noch besitzt er den Oberbefehl über die Streitkräfte. Der reformfreudige Khatami bekam dies zu spüren, als er eine vorsichtige Öffnung seines Landes wagte, aber dafür keine Unterstützung bei der Geistlichkeit fand. »*In der islamischen Demokratie wird keine Herrschaft akzeptiert außer jener, die von Gott auf den Führer übertragen wird*«, erklärte der »*oberste Rechtsgelehrte*« Ali Khamenei 2004 zu diesem Thema.

Iranisches Parlament mit einigen wenigen weiblichen Abgeordneten

Geiselnahme in der US-Botschaft | 1979

Erster Golfkrieg

Der Überfall irakischer Truppen auf iranisches Staatsgebiet löst im Herbst 1980 den Ersten Golfkrieg aus. Der Irak erkennt den Grenzverlauf zwischen den beiden Ländern nicht an und reklamiert die ölreiche iranische Provinz Chusistan, die mehrheitlich von arabischstämmigen Iranern bewohnt wird, für sich.

Ablenkungsmanöver | Khomeini versteht es, die Iraner gegen äußere Feinde zu mobilisieren. Schon im November 1979 eskaliert der Konflikt mit den USA. Wütende Studenten, die über die Behandlung des krebskranken Schahs in den Vereinigten Staaten erzürnt sind, stürmen die US-Botschaft in Teheran. Dort nehmen sie die Botschaftsangehörigen als Geiseln und behalten sie 444 Tage in ihrer Hand. Die von Khomeini unterstützte Geiselnahme führt zur nachhaltigen Zerrüttung des iranisch-amerikanischen Verhältnisses. Der Kampf gegen Amerika und seinen »Vasallen« Israel sowie gegen die gesamte westliche Welt mit ihrer Werteordnung gehört seitdem zu den wichtigsten Aufgaben der islamischen Fundamentalisten.

Aber auch vor der eigenen Haustüre findet sich ein Feind: der Irak. Im weltlich geprägten Regime des Diktators Saddam Hussein werden nach Ansicht Khomeinis die islamischen Werte untergraben. Als Hussein einen Grenzkonflikt mit dem Iran vom Zaun bricht, werfen sich die von ihren geistlichen Führern angeleiteten Iraner in den »Heiligen Krieg«. Acht lange Jahre dauern die Auseinandersetzungen, bis beide Seiten erschöpft sind und einen Waffenstillstand schließen.

Nach dem Tod Khomeinis stehen sich gemäßigte Reformer und radikale Konservative schroff gegenüber. Viele Menschen wünschen sich eine Lösung ihrer sozialen und wirtschaftlichen Probleme. Armut, Bevölkerungswachstum und steigender Drogenkonsum prägen das Alltagsleben.

Auf dem Märtyrerfriedhof für die Gefallenen des Golfkriegs

> »Amerika ist unser Feind und unser ganzes Streben und Können muss gegen diesen Feind gerichtet sein.«

KHOMEINI NACH DER GEISELNAHME VON TEHERAN, 1979

Der »Atomstaat« | Der 1997 gewählte Staatspräsident Mohammed Khatami beginnt sein Land vorsichtig zu öffnen. Allerdings stößt er dabei immer wieder auf die engen Grenzen, die ihm strenge Islamisten setzen. Kaum eines seiner Reformgesetze wird vom *Wächterrat* akzeptiert. Bei den Präsidentschaftswahlen 2005 und 2009 siegt wieder ein Gefolgsmann der Konservativen: Mahmud Ahmadinedschad, vormals Bürgermeister von Teheran. Er fährt wieder einen strengen antiwestlichen Kurs und hält die Welt mit seinem Atomprogramm in Atem. Im Februar 2010 erklärt er den Iran zum »Atomstaat« und verkündet die Anreicherung von Uran auf 20 Prozent – ein erster Schritt zur Produktion von Atomsprengköpfen. Der Westen will deshalb wirtschaftliche Sanktionen gegen den Iran durchsetzen. Innenpolitisch ist der Präsident umstritten. Nach seiner Wiederwahl 2009 werden schwere Vorwürfe wegen Wahlbetrugs laut, und bei landesweiten Protesten kommt es zu blutigen Zusammenstößen mit der Polizei.

Staatspräsident Mahmud Ahmadinedschad in der Urananreicherungsanlage Natanz | 2007

BUNDESREPUBLIK

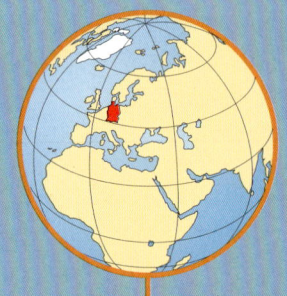

»Frieden schaffen ohne Waffen« – Die Friedensbewegung

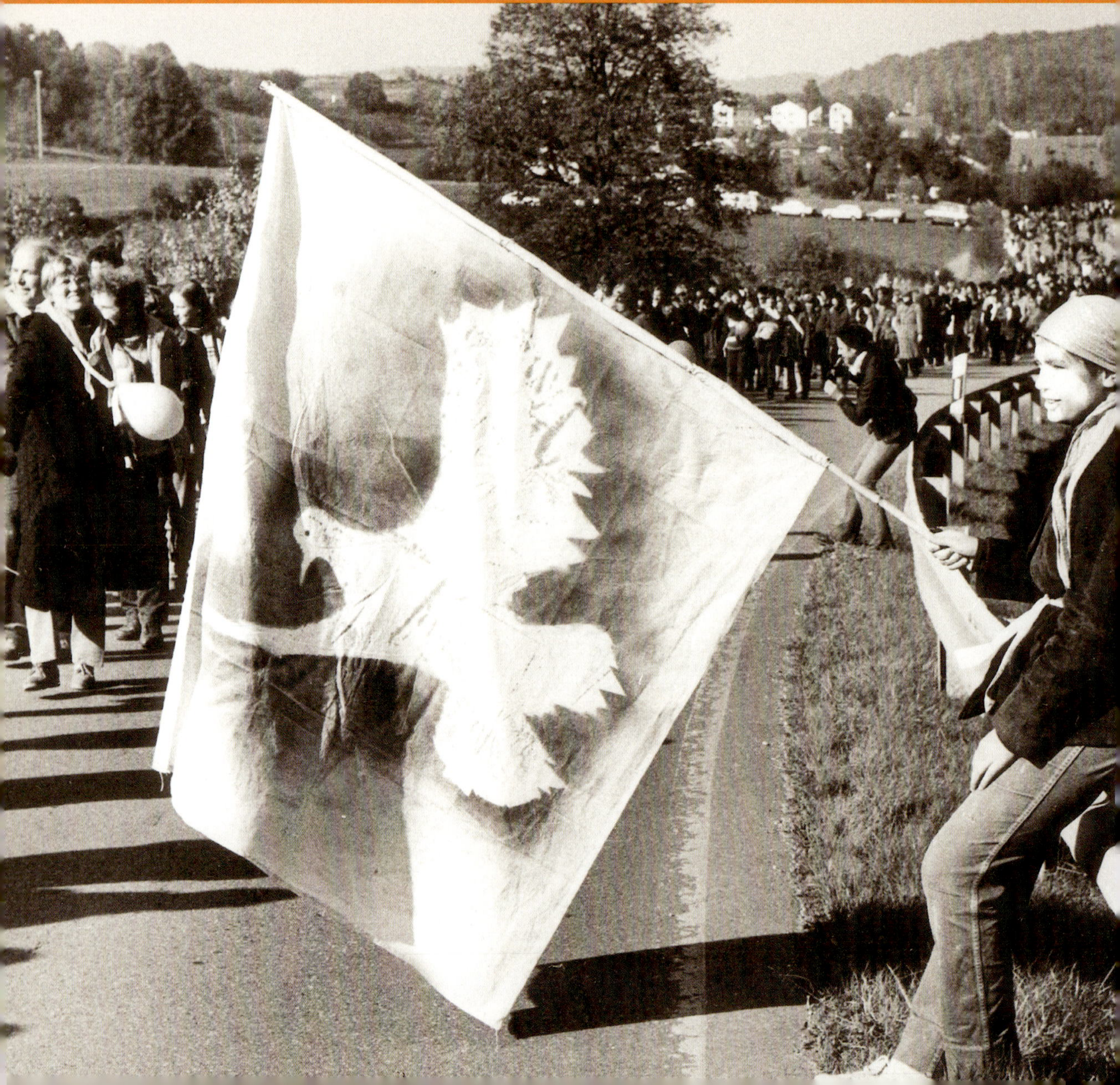

Nach einer kurzen Entspannungsphase verschärft sich Ende der 1970er-Jahre erneut der Konflikt zwischen den beiden Supermächten. Als die Sowjetunion neue Atomraketen stationiert, wollen auch die USA nachrüsten. Zuvor jedoch soll mit Moskau über eine beidseitige Rüstungskontrolle verhandelt werden. Die Angst wächst, dass noch mehr nukleare Waffen auf deutschem Boden einen Atomkrieg zur Folge haben könnten. Deshalb versammeln sich am 10. Oktober 1981 Hunderttausende besorgter Bürger zu einer Friedensdemonstration im Bonner Hofgarten.

Kundgebung für den Frieden | Vielen Bewohnern der Bundeshauptstadt Bonn ist es angst und bange. Weiß der Himmel, was an diesem 10. Oktober 1981 noch passieren wird, wenn die angekündigten »Horden« über Bonn hereinbrechen. Angeblich wollen sie an einer Friedenskundgebung teilnehmen, aber ob es dabei auch friedlich zugehen wird, daran haben die Bonner doch ihre Zweifel. Erinnerungen werden wach an Bilder der Studentenkrawalle 1968, an Straßenkämpfe und Steine werfende Demonstranten. Die Geschäftsleute treffen Vorsorge. Die meisten schließen vorzeitig ihre Läden in der Bonner Innenstadt, viele vernageln sogar die Schaufensterscheiben mit Brettern.

Demonstrationsteilnehmer marschieren durch die Bonner Innenstadt. | 1981

»Stell dir vor, es ist Krieg und keiner geht hin!«

SPRUCH DER FRIEDENSBEWEGUNG

Aufruf zur Beendigung des Wettrüstens

Treffpunkt: Hofgartenwiese | Und dann kommen sie. Es sind tatsächlich wahre »Horden« von Demonstranten, die aus der ganzen Bundesrepublik angereist sind, mit Pkw, Bussen und in Sonderzügen. Im kleinen Bonner Hauptbahnhof wimmelt es von Menschen. Es sind aber nicht nur junge Leute. Auch viele Ältere sind eingetroffen, die den Zweiten Weltkrieg noch ganz bewusst miterlebt haben und sich heute aktiv für den Frieden einsetzen wollen. Ganze Schulklassen sind dabei, Studenten, kirchliche Gruppen, Pazifisten und Gewerkschafter. Die meisten Teilnehmer tragen an ihrer Kleidung den inzwischen wohlbekannten Sticker mit der von Pablo Picasso entworfenen Friedenstaube. Viele haben Transparente mitgebracht, mit denen sie ihrer Angst vor einem Atomkrieg Ausdruck geben. Ein solcher Krieg scheint durch den knapp zwei Jahre zuvor verabschiedeten *NATO-Doppelbeschluss* in gefährliche Nähe gerückt. Flugblätter werden verteilt, es wird viel geredet, gelacht und gesungen. Die Atmosphäre ist entspannt und heiter, von Gewaltbereitschaft keine Spur.

Allmählich bewegt sich die Masse ihrem Ziel entgegen: der Hofgartenwiese vor der Bonner Universität. Hier soll die große Kundgebung für Frieden und Abrüstung stattfinden. 300 000 Menschen sind gekommen, die alle nur einen Wunsch haben: keine neuen Atomwaffen in Europa!

Friedenskundgebung im Bonner Hofgarten | 1981

Der NATO-Doppelbeschluss | Der Rüstungswettlauf zwischen Ost und West hat einen dramatischen Höhepunkt erreicht. *Nordatlantikpakt (NATO)* und *Warschauer Pakt* bedrohen sich gegenseitig mit Atomwaffen, deren Sprengkraft ausreichen würde, die Welt gleich mehrfach in die Luft zu jagen.

Durch die Stationierung neuer sowjetischer *SS-20*-Raketen mit atomaren Sprengköpfen Ende der 1970er-Jahre hat der *Warschauer Pakt* im Rüstungswettlauf die Nase vorn. Der Westen droht mit Nachrüstung. Um die verhängnisvolle Rüstungsschraube zu stoppen, regt Bundeskanzler Helmut Schmidt (SPD) an, die Nachrüstung mit Vorschlägen für eine beidseitige Rüstungskontrolle zu verbinden.

Daraufhin verabschiedet das westliche Bündnis am 12. Dezember 1979 den *NATO-Doppelbeschluss.* Wenn mit der Sowjetunion keine Einigung erzielt werden kann, sollen von 1983 an 108 *Pershing-II*-Raketen in der Bundesrepublik aufgestellt werden. Hinzu kommen 464 Marschflugkörper *(Cruise Missiles)* in den Niederlanden, Belgien und Italien.

Massive Proteste | Dieser Beschluss löst bei der Bevölkerung in allen NATO-Staaten massive Proteste aus, vor allem aber in der Bundesrepublik, der Schnittstelle von Ost und West. Viele sehen die Gefahr, dass aus dem *Kalten Krieg* schon bald ein »heißer Krieg« werden könnte, womöglich sogar ein Atomkrieg »aus Versehen«, weil ein Computer verrückt spielt oder jemand auf den falschen Knopf drückt.

Fast fünf Millionen Bundesbürger unterschreiben den *Krefelder Appell,* einen Aufruf zur einseitigen Abrüstung der NATO-Staaten. Die kirchennahe *Aktion Sühnezeichen* und andere Organisationen entschließen sich, eine große Friedenskundgebung zu veranstalten, die am 10. Oktober 1981 auf der Bonner Hofgartenwiese stattfindet. Es ist die bislang größte Demonstration der deutschen Friedensbewegung mit prominenten Teilnehmern aus dem In- und Ausland. Neben dem Schriftsteller Heinrich Böll, dem SPD-Politiker Erhard Eppler und der Theologin Uta Ranke-Heinemann ist auch Coretta King, Witwe des ermordeten schwarzen Bürgerrechtlers Martin Luther King, gekommen.

Warschauer Pakt

Am 14. Mai 1955 in Warschau unterzeichneter Vertrag für »Freundschaft, Zusammenarbeit und gegenseitigen Beistand«. Mitglieder des Paktes sind die Ostblockstaaten Polen, Ungarn, die Tschechoslowakei, die DDR, Rumänien, Bulgarien, Albanien und die Sowjetunion.

Appell zur Abrüstung

Über Jahrzehnte hinweg lebt die Weltbevölkerung wie auf einem Pulverfass: Zwei unversöhnliche Machtblöcke stehen sich gegenüber und bedrohen sich gegenseitig mit ihren Atomwaffen. Da beide einen offenen Angriff vermeiden, wird 1947 der Begriff *Kalter Krieg* für den Ost-West-Konflikt geprägt.

Verhinderung eines »heißen Krieges«

Schon bald nach dem gemeinsamen Sieg über NS-Deutschland wird klar, dass sich die Alliierten kaum auf eine einheitliche Linie der Besatzungspolitik verständigen können. Zu groß sind die politischen und ideologischen Unterschiede zwischen den USA und der kommunistisch regierten Sowjetunion. Im Laufe der Jahre droht aus dem *Kalten Krieg* mehrmals ein *»heißer Krieg«* zu werden, so bei der Berlinblockade 1948, dem Mauerbau 1961 oder der Kubakrise 1962. Da beide Machtblöcke mit Atomwaffen ausgerüstet sind, wären die Folgen einer bewaffneten Auseinandersetzung kaum absehbar. Inzwischen können Trägerraketen atomare Sprengköpfe über weite Strecken ans Ziel bringen.

Offiziell gilt der militärische Grundsatz einer gegenseitigen Abschreckung. Ein bewaffneter Konflikt soll auf diese Weise verhindert werden können, weil der Angreifer auf jeden Fall mit einem vernichtenden Gegenangriff rechnen muss. Man spricht von einem *»Gleichgewicht des Schreckens«*.

Scharfe Worte des Präsidenten

Nach einer Entspannungsphase in den 1970er-Jahren wird das Klima zwischen den Ostblockstaaten und dem Westen wieder spürbar kälter. Ursachen sind sowohl der sowjetische Einmarsch in Afghanistan 1979 als auch der neue Kurs des US-Präsidenten Ronald Reagan. Er verschärft den propagandistischen Ton gegenüber der Sowjetunion, spricht vom *»Reich des Bösen«* und kündigt ein umfangreiches Programm zur Aufrüstung im Weltall an. Wieder rückt ein Atomkrieg in greifbare Nähe.

US-Mittelstreckenrakete mit Atomsprengkopf

> »Es begann ein technologisches Rennen, bei dem derjenige im Vorteil war, der zuerst auf den Knopf drückte. Und das hat mir wirklich schlaflose Nächte bereitet ...«

Egon Bahr, SPD-Politiker

Weitere Aktionen | Auch nach dieser Kundgebung gehen die Proteste gegen die atomare Aufrüstung weiter. Die Friedensbewegung tritt mit ungewöhnlichen und fantasievollen Aktionen an die Öffentlichkeit. Zahlreiche Gemeinden erklären sich zu »atomwaffenfreien Zonen«. Es gibt Menschenketten, Sitzblockaden vor Raketenstandorten und andere aufsehenerregende »Happenings«. Auf dem Reutlinger Marktplatz wird zum Beispiel ein »atomares Massensterben« simuliert. Als US-Präsident Ronald Reagan im Juni 1982 zu einem Staatsbesuch nach Bonn kommt, versammeln sich erneut Hunderttausende, um gegen die Aufrüstung in Ost und West zu demonstrieren.

Im Oktober des folgenden Jahres findet auf der Bonner Hofgartenwiese wieder eine große Friedenskundgebung statt – aus gutem Grund. Zwar hat sich die Sowjetunion 1981 tatsächlich zu Abrüstungsgesprächen bereit erklärt, doch die werden 1983 ergebnislos abgebrochen. Gemäß den Bestimmungen des *NATO-Doppelbeschlusses* billigt der Deutsche Bundestag im November 1983 die geplante Stationierung der Mittelstreckenraketen. Die Regierungen der anderen NATO-Staaten stimmen – ungeachtet der Proteste der eigenen Bevölkerung – ebenfalls zu.

»The Day After« | Nicht nur in der Bundesrepublik wächst die Angst vor einem Atomkrieg, sondern weltweit. Schließlich bliebe ein solcher Krieg nicht auf Deutschland beschränkt. Außerdem weiß man, dass die modernen Atombomben eine ins Tausendfache gesteigerte Vernichtungsgewalt der gegen Ende des Zweiten Weltkrieges über den japanischen Städten Hiroshima und Nagasaki abge-

»Atomares Massensterben« auf dem US-Luftwaffenstützpunkt Ramstein | 1983

worfenen Atombomben besitzen. Diese töteten etwa 92 000 Menschen sofort, weitere 130 000 Menschen starben bis Jahresende 1945. Bei einem Atomangriff in der Gegenwart müssten also sehr viel mehr Menschen sofort sterben oder langfristig an der Strahlenkrankheit dahinsiechen als 1945 in Japan.

Der US-Regisseur Nicholas Meyer verleiht dieser Angst mit dem Film *The Day After* (1983) Ausdruck. Er entwirft ein wirklichkeitsnahes Bild des außer Kontrolle geratenen *Kalten Krieges:* Nach Konflikten zwischen NATO und *Warschauer Pakt* rücken russische Panzerverbände über die DDR in die Bundesrepublik vor. Die angespannte Lage eskaliert, als Amerika mit nuklearen Langstreckenraketen antwortet. Damit ist der Ernstfall eingetreten! Der russische Gegenschlag lässt nicht lange auf sich warten. Riesige Atompilze legen weite Teile der westlichen Welt in Schutt und Asche. Der Film hat ein offenes Ende, doch er prophezeit eine düstere und hoffnungslose Zukunft für die Überlebenden. Die Städte sind unbewohnbar geworden, die Straßen zerstört, es fehlt an Lebensmitteln und Medikamenten, immer mehr Menschen sterben qualvoll an der Strahlenkrankheit.

Strahlenkrankheit

Die Krankheitsanzeichen richten sich nach der Strahlendosis, die der Betroffene mitbekommen hat. Sie reichen von Übelkeit und Erbrechen über Haarausfall, Blutungen unter der Haut und Nierenbluten bis zur Zerstörung des Knochenmarks und schweren Schädigung des Magen- und Darmgewebes. Die Sterberate liegt entsprechend zwischen 10 und 100 Prozent.

Menschenkette während der Friedenswoche | 1983

Die Fraktion der »Grünen« im Bundestag | 1983

Die Gründung der »Grünen« | Themen wie Frieden und Umweltschutz werden immer wichtiger, vor allem für junge Leute. Zahlreiche Bürger- und Umweltinitiativen werden ins Leben gerufen. Doch was nützen noch so eindrucksvolle Demonstrationen, Menschenketten und Sitzblockaden, wenn die etablierten Parteien auf die Proteste nicht oder nur unzureichend reagieren? Die Antwort liegt auf der Hand: Es ist die Gründung einer eigenen »grünen« Partei, die sich Frieden und Ökologie auf ihre Fahnen schreibt.

Der erste Schritt erfolgt im März 1979, als sich verschiedene Bürgerinitiativen und Umweltschutzorganisationen zur *Sonstigen politischen Vereinigung der Grünen* zusammenschließen, um so bei den Wahlen zum *Europäischen Parlament* im Juni des Jahres antreten zu können. Zu den Gründungsmitgliedern gehören Petra Kelly, Joschka Fischer und der frühere *APO*-Führer Rudi Dutschke. Mit 3,2 Prozent der Stimmen erzielt die *Sonstige politische Vereinigung* bei den Europawahlen zumindest einen Achtungserfolg. Am 13. Januar 1980 gründen *Die Grünen* eine »richtige« Partei, die 1983, nach dem Ende der Regierung Schmidt, erstmals in den Bundestag einzieht.

Die *»Anti-Parteien-Partei«*, wie sie sich selbst versteht, bringt in jeder Hinsicht frischen Wind ins Parlament. Viele Abgeordnete der etablierten Parteien rümpfen allerdings die Nase, als ihre neuen Kolleginnen und Kollegen mit Transparenten, Strickzeug und Sonnenblumen zu den Sitzungen ins Parlament einziehen. Doch auch untereinander sind sich die *Grünen* nicht immer »grün«. Es kommt zu heftigen Flügelkämpfen zwischen den *Realos,* die sich am politisch Möglichen orientieren, und den kompromisslos auf ihren ökologischen Grundsätzen beharrenden *Fundis.* Nach dem Ende dieses Prozesses entpuppen sich die *Grünen* als ernst zu nehmende Partei. Von 1998 bis 2005 sitzen im Kabinett von Bundeskanzler Gerhard Schröder (SPD) grüne Ministerinnen und Minister, unter ihnen Joschka Fischer als Außenminister.

China

»Demokratie oder Tod« – Eine Protestbewegung stirbt

m Frühjahr 1989 demonstrieren Studenten auf dem Platz des Himmlischen Friedens in Peking für mehr politische Freiheiten. Die allein regierenden Kommunisten sehen in den Forderungen der Studenten eine Bedrohung ihres Machtanspruchs und bringen den Protest in einer blutigen Aktion mit Panzern und Gewehrkugeln zum Schweigen. Zwar hat Chinas starker Mann, Deng Xiaoping, seinem Land Reformen verordnet, doch diese beziehen sich nur auf den wirtschaftlichen Bereich. Chinas Bürger dürfen reich werden, aber nicht politisch mitreden. Dabei übersieht die Regierung, dass sich die Menschen weit mehr wünschen als nur eine volle Reisschüssel.

Nacht der Entscheidung | Der Platz des Himmlischen Friedens macht in dieser Nacht vom 3. auf den 4. Juni 1989 seinem Namen keine Ehre: Dumpfes Motorengrollen hallt durch Pekings Straßen und kündet vom Aufmarsch der Schützenpanzer und Militärfahrzeuge. Auf dem riesigen Areal im Herzen der Millionenstadt rücken die etwa 3000 bis 5000 Studenten auf den Stufen des Heldendenkmals noch enger zusammen. Unter ihnen ist der populäre Rocksänger Hou Dejian, der wie viele andere in den Hungerstreik getreten ist, um die Regierung zu politischen Zugeständnissen zu zwingen. »*Alle paar Minuten fassten wir uns an der Hand, weil wir das Ende erwarteten*«, berichtet Hou später über die entscheidenden Stunden dieser Nacht.

Eine Panzerkolonne rückt zum Platz des Himmlischen Friedens vor.

Die Studenten errichten brennende Barrikaden gegen die anrollenden Panzer.

Zelte und Feldbetten haben den Ort in einen bunten Campingplatz verwandelt. Doch nun zeigt die Staatsmacht ihre Zähne, um die seit Wochen hier lagernden Demonstranten endgültig zu verjagen. In den frühen Morgenstunden des 4. Juni 1989 ist der Platz von Militär umstellt. Drohend nähern sich die Schützenpanzer. Sie walzen dabei die Zelte und die Statue der Göttin der Demokratie nieder, die Kunststudenten nach dem Vorbild der New Yorker Freiheitsstatue aus Gips gefertigt und zum Ärger der Regierung auf dem Platz aufgestellt haben. Die brutale Gewalt zwingt die Studenten zum Abzug. Hou organisiert in Absprache mit den Soldaten ihren geordneten Rückzug. Wer jedoch nicht gehen will, wird einfach weggeprügelt. »*Um mich herum waren überall Polizisten, die dicke Holzknüppel schwangen und die Leute auf Kopf und Körper schlugen. Studenten bluteten*«, so Hou. Bei Tagesanbruch ist alles vorüber, der Platz gehört wieder den alten Machthabern.

Ein Volk unter Beschuss | Die Nacht vom 3. auf den 4. Juni 1989 geht als eines der düstersten Kapitel in die Geschichte der Volksrepublik China ein. Der Hochschullehrer Yang Xianyi nennt es das »*blutigste Massaker in Chinas moderner Geschichte*«. Im Gegensatz zum Platz des Himmlischen Friedens, wo es nur wenige oder gar keine Tote zu beklagen gibt, kommt es in den umliegenden Straßenzügen zu heftigen Auseinandersetzungen zwischen Militär und Volk. Mit aller Macht versuchen die Pekinger den Vormarsch der Truppen zu stoppen. Sie errichten Barrikaden, reißen die Straßenpflaster auf, umzingeln die Militärfahrzeuge, setzen sie teilweise in Brand und werden gegen einzelne Soldaten gewalttätig.

> »Uns bot sich ein Bild der Zerstörung: Wir sahen nur ausgebrannte Fahrzeuge, die Straße war von Trümmern übersät.«

DIE STUDENTENFÜHRERIN CHAI LING, 4. JUNI 1989

Das Militär verliert die Nerven: Es überrollt mit seinen Panzern alles, was im Weg steht, und schießt in die Menge. Radfahrer und Fußgänger werden unter den Kettenfahrzeugen zermalmt, reihenweise fallen Menschen im Kugelhagel. Auch nach Räumung des Platzes gehen die schweren Unruhen weiter. Die erzürnten Menschen schmeißen mit Steinen und Ziegeln nach den Soldaten und beschimpfen sie, diese schießen erbarmungslos zurück und jagen den Fliehenden mit ihren Fahrzeugen hinterher. »Die Panzer fuhren 50 Meter weiter, stoppten, drehten um und fuhren wieder auf uns los. Mitten in diesem Durcheinander hörte ich Menschen schreien und sah sie wild durcheinander in alle Richtungen flüchten«, berichtet der Augenzeuge Liu Tang über seine Flucht in dieser Nacht. Wie viele Opfer es genau gibt, ist nicht bekannt. Schätzungen schwanken zwischen 300 bis 3000 Toten. Grünes Licht für den Militäreinsatz und die Räumung des Platzes hat der starke Mann im Hintergrund der *Kommunistischen Partei Chinas (KPCh)* gegeben: der 84-jährige Deng Xiaoping.

Tote am Rande des Platzes des Himmlischen Friedens

»Der Zweck des Sozialismus ist, das Land reich und stark zu machen.«

Deng Xiaoping, 1980

Frischer Wind im Reich der Mitte | Dabei hat Deng Xiaoping sein Land reformiert wie kein Zweiter. Er kommt nach dem Tod des Staatsgründers Mao Zedong, der 1949 die kommunistische Volksrepublik China ausgerufen hatte, an die Macht. Als Deng 1977 das Ruder der Staatsgeschäfte übernimmt, gibt es viele Probleme. Die Bodenreform und die Planwirtschaft haben das Land ruiniert, die ständigen politischen Säuberungen die Menschen erschöpft. Deng, ein innerparteilicher Kritiker Maos und mehrmals deswegen in Ungnade gefallen, erkennt die Zeichen der Zeit. Er wendet sich radikal von der kommunistischen Planwirtschaft ab und leitet eine wirtschaftliche Reform Chinas ein. Eine *»sozialistische Marktwirtschaft«* soll nun aufgebaut werden.

Deng erlaubt den Bauern wieder die selbstständige Bewirtschaftung ihres Ackerbodens und gestattet ihnen, ihre landwirtschaftlichen Überschüsse auf freien Märkten zu verkaufen. Die fleißigen Bauern bringen ein wahres Wirtschaftswunder zuwege: Die landwirtschaftliche Produktion explodiert geradezu, zwischen 1981 und 1984 erreicht die Wachstumsrate jährlich 9,3 Prozent. Hatten unter Mao noch Hunger und Mangel regiert, so staunen die Chinesen nun über das bunte Nahrungsmittelangebot auf den freien Märkten – Melonen, Gemüse, Fische und Hühner, alles ist zu haben. Die Bauern radeln vollbepackt in die nächsten Dörfer und Kleinstädte, um ihre Waren anzubieten. Ihr Einkommen wächst um rasante 17 Prozent im Jahr!

Gemüsemarkt in Yang Shou, Südchina

Bauer beim Pflügen eines Reisfeldes

Finanzzentrum in der Sonderwirtschaftszone Pudong

Wanderarbeiter in Wuhan warten auf einen Job.

Der Riese erwacht | Die Reformwut greift bald auf Industrie und Handel über. Überall im Land entstehen kleine, privat geführte Betriebe, die den mächtigen Staatskonzernen Konkurrenz machen. 1984 erlaubt die Regierung ganz offiziell die Gründung von Privatunternehmen. Dies löst einen wahren Wirtschaftsboom aus. Um ausländisches Kapital anzuziehen, richtet Deng eigene Sonderwirtschaftszonen in Shanghai, Shenzhen, Dalian und vielen anderen Städten ein. Hier finden ausländische Investoren günstige Bedingungen für ihre Geschäfte. China steigt allmählich zur Wirtschaftsmacht auf. Immer mehr Firmen verlegen ihre Produktionsstätten nach China, wo Abertausende billiger Arbeitskräfte zur Verfügung stehen. Der Lebensstandard vieler Chinesen hebt sich zwar dadurch, doch das rasende Wachstum zeigt auch Schattenseiten: Der Abstand zwischen Reich und Arm nimmt dramatisch zu; die Führungsleute der *KPCh* bereichern sich durch Bestechungsgelder; Geldentwertung und Preissteigerung vermindern den Besitz der kleinen Leute schnell wieder.

Vier Modernisierungen

1978 von Deng durchgesetztes Reformprogramm für die Bereiche Landwirtschaft, Industrie, Wissenschaft und Technologie sowie für die Armee. Anstelle des Klassenkampfes tritt nun der Aufbau der Wirtschaft in den Vordergrund des Parteiinteresses. Damit ermöglicht Deng China den Aufstieg zur Wirtschaftsmacht.

Die Demokratiebewegung | Schon 1978, als sich das Tauwetter in der kommunistischen Partei abzuzeichnen beginnt, träumen die Menschen von demokratischen Reformen. Mitten in Peking wird eine über hundert Meter lange Backsteinmauer zur »*Demokratiemauer*« umfunktioniert und in dort befestigten Wandzeitungen die Zukunft Chinas diskutiert. Wei Jingsheng, der »*Vater der Demokratiebewegung*«, fordert dort am 5. Dezember 1978 als »*fünfte Modernisierung*« die Reform des politischen Systems, ansonsten seien die »*vier Modernisierungen*« Dengs wertlos.

Wei Jingsheng

Wei Jingsheng gilt als »Vater der chinesischen Demokratiebewegung«. Er stammt aus einem stramm kommunistischen Haushalt. Sein Vater arbeitet im Außenministerium, seine Mutter engagiert sich in einem Industriebetrieb für die Partei. Wei selbst besucht eine Eliteschule und ist zunächst ein begeisterter Anhänger des Staatsführers Mao Zedong. Deshalb schließt Wei sich den *Roten Garden* an. Diese fanatischen Jugend- und Schülerverbände wollen im Auftrag Maos eine neue Gesellschaft bauen und verfolgen alle vermeintlichen »Feinde des Staates« mit Hass. Wei verschlägt es in den Norden Chinas. Hier lernt er das Leben der Landbevölkerung kennen, das von Hunger und Unterdrückung gekennzeichnet ist. Dies veranlasst ihn, umzudenken und eine neue Politik für China zu fordern.

Die Machtprobe

1976 stirbt Mao und Deng Xiaoping steigt zum neuen starken Mann Chinas auf. Für Wei Jingsheng, der inzwischen als Elektriker im Pekinger Zoo arbeitet, ist es die Gelegenheit, um mehr politische Rechte für das Volk einzufordern. Ausgehend von Dengs »vier Modernisierungen« fordert Wei als »fünfte Modernisierung« mehr Demokratie. Am 5. Dezember 1978 schlägt er auf Pekings öffentlicher Wandzeitung, der *Demokratiemauer,* einen Text an, der die kommunistischen Machthaber herausfordert: »Das Volk muss das Recht behalten, seine Vertreter jederzeit zu entlassen und zu ersetzen, um zu verhindern, dass sie ihre Macht missbrauchen und zu Unterdrückern werden.« Wenige Monate später wirft er Deng vor, dass er zum Diktator wird, wenn er dem Volk keine demokratischen Rechte gewährt. Dies ist für die Machthaber unerhört. Wei wird verhaftet und im März 1979 zu 15 Jahren Haft und Lagerarbeit verurteilt.

Die Haftzeit

Für den jungen Mann beginnt die bitterste Zeit seines Lebens. Er wird unter menschenunwürdigen Verhältnissen eingesperrt, in Isolationshaft gehalten und darf keinen Kontakt zu seiner Familie halten. 1989 verlangt die neu entstehende Demokratiebewegung seine Freilassung, doch Wei bleibt in Haft. Erst 1993 wird er entlassen, weil sich China um die Austragung der Olympischen Spiele 2000 bewirbt und auf gute Beziehungen mit dem Westen angewiesen ist. Da Wei seine politische Arbeit wieder aufnimmt, wird er aber 1994 erneut verhaftet und trotz weltweiter Proteste verurteilt. Erst 1997 kommt er auf Druck des Westens endgültig frei. Wei Jingsheng lebt mittlerweile in den USA und setzt sich bis heute für die Demokratisierung Chinas ein.

Deng Xiaoping will am Machtanspruch der allein regierenden *KPCh* nicht rütteln: Er glaubt, dass ein Mehrparteiensystem nach westlichem Vorbild China ins Chaos stürzen würde. Deshalb verbietet er die Wandzeitungen, lässt die Führer der Demokratiebewegung verhaften und jede Opposition unterdrücken. Die meisten Chinesen wehren sich kaum dagegen. Doch unter der Oberfläche brodelt es. Je stärker sich die Menschen von den Vorteilen des Wirtschaftswachstums ausgeschlossen sehen, umso lauter rufen sie nach politischer Mitsprache.

1986 fordern in vielen Städten Studenten erneut mehr Demokratie. Der Generalsekretär der *KPCh*, Hu Yaobang, erwägt Reformen, kann sich aber gegen Deng Xiaoping nicht durchsetzen. Die Studentenbewegung wird unterdrückt, Hu Yaobang entlassen.

Deng Xiaoping

Protest auf dem Platz des Himmlischen Friedens | Als er am 15. April 1989 stirbt, regt sich erneut Protest. Tausende Studenten strömen zum Platz des Himmlischen Friedens in Peking, um mit ihrer Trauer um Yaobang auch ihrer Forderung nach mehr Freiheit Ausdruck zu geben. Auch in vielen Provinzstädten gehen Demonstranten auf die Straßen. Deng geht auf ihre Forderungen nicht ein.

Am 27. April marschieren 80 000 Studenten, unterstützt von Pekinger Bürgern, zum Platz des Himmlischen Friedens. Am 4. Mai sind es schon 300 000 Menschen, die sich auf dem Platz einfinden, am 17. Mai eine ganze Million. Auch Arbeiter sind nun unter den Demonstranten. Hartnäckig verweigert die

Fotoausstellung vor der »Demokratiemauer«, einer öffentlichen Wandzeitung in Peking

> »In diesem strahlenden Monat Mai treten wir in den Hunger-
> streik. In unserer blühenden Jugend bleibt uns keine andere
> Wahl, als die Schönheit unseres Lebens aufzugeben.«

AUS DEM MANIFEST DER HUNGERSTREIKENDEN, 13. MAI 1989

Regierung einen Dialog. Deshalb treten Hunderte Studenten in den Hungerstreik und verlassen den Platz nicht mehr. Längst ist aus dem Studentenprotest ein regelrechter Volksaufstand geworden. Denn die Studenten erhalten Unterstützung von allen Seiten: von Arbeitern, einfachen Bürgern, Journalisten und Professoren.

Auch aus anderen Provinzen und Städten treffen Berichte über Großdemonstrationen ein. Die Forderungen sind immer dieselben: mehr politische Mitbestimmung, mehr Pressefreiheit, bessere Bekämpfung der Bestechlichkeit von Staatsbeamten, das Ende der Geldentwertung und nicht zuletzt der Rücktritt der Führungsriege. Die Parole der Pekinger Studenten: »*Gebt uns Demokratie oder gebt uns den Tod*« verbreitet sich rasch im ganzen Land.

Das Regime unter Druck | Die Demonstranten auf dem Platz des Himmlischen Friedens werden für die Regierung zum Problem, denn der Staatsbesuch Michail Gorbatschows in Peking steht unmittelbar bevor. Das Interesse der Weltöffentlichkeit ist ganz auf die chinesische Hauptstadt gerichtet. Da Gorbatschow den zentralen Platz Pekings nicht betreten kann, muss das Besuchs

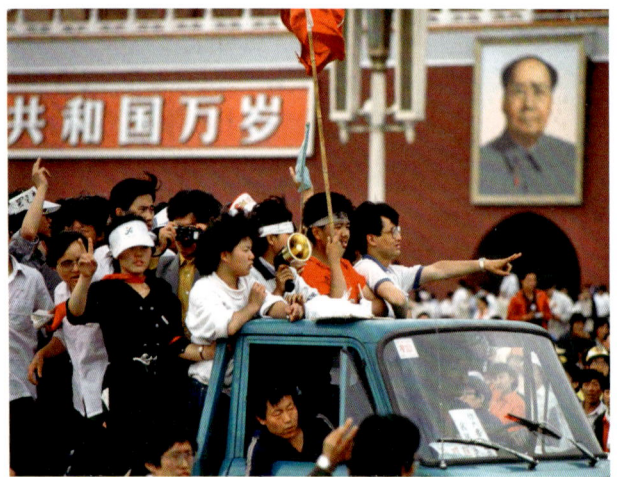

programm für ihn völlig umorganisiert werden. Für die Regierung ist das ein folgenschwerer Gesichtsverlust.

Die Führung entschließt sich, der Protestbewegung ein Ende zu setzen, und verhängt am 20. Mai den Ausnahmezustand. In der Nacht vom 3. auf den 4. Juni wird der Protest gewaltsam beendet. Die ganze Welt ist schockiert über die Brutalität der chinesischen Führung.

Eine Verhaftungswelle überrollt anschließend das Land, eine erzwungene und bedrückende Ruhe kehrt ein. Die gewaltsame Niederschlagung der Proteste wird offiziell als »*Zwischenfall*« verharmlost, Veranstaltungen zum Gedenken an die Opfer werden bis heute verhindert.

Studenten auf dem Weg zur Demonstration in Peking | 1989

Ministerpräsident Li Peng zählt zu den unbeliebtesten Politikern Chinas. Zusammen mit Deng Xiaoping trägt er die Verantwortung für das blutige Massaker vom 4. Juni 1989. Als Anführer der konservativen Fraktion im *Politbüro* lehnt er jede politische Öffnung ab und befürwortet den Einsatz des Militärs, um die Proteste der Studenten niederzuschlagen.

Steile Karriere

Li Peng wird 1928 als Sohn eines Schriftstellers und aktiven Kommunisten geboren. Als er mit drei Jahren verwaist, nimmt ihn der spätere Ministerpräsident Zhou Enlai in seine Familie auf. Li Peng, der 1945 der *KPCh* beitritt, studiert von 1948 an in Moskau den Bau von Wasserkraftwerken und wird Ingenieur. Vor seiner politischen Karriere leitet er wichtige Energiekonzerne in China. 1981 macht ihn sein Ziehvater Zhou Enlai zum Minister für Energiefragen. Von da ab geht es steil bergauf: Li Peng wird ins *Zentralkomitee,* später ins *Politbüro* geholt. Als der beim Volk beliebte Generalsekretär der *KPCh,* Hu Yaobang, wegen anhaltender Studentenunruhen 1987 zurücktreten muss, steigt Li Peng zum Ministerpräsidenten auf und sitzt damit an einem der Schalthebel der Macht.

Politik der harten Hand

Li Peng geht die Aufrechterhaltung der Ordnung in China über alles. Als sich die Studenten auf dem Platz des Himmlischen Friedens versammeln, sieht er darin den Beginn von Chaos und Revolution. Im Gegensatz zu Generalsekretär Zhao Ziyang tritt er für eine unnachgiebige Haltung gegenüber den Studenten ein. Er gewinnt Deng Xiaoping für seine Sicht und ruft mit dessen Zustimmung das Kriegsrecht über Peking aus.

Li Peng sieht in den Studentenprotesten von 1989 eine Folge der übereilten Wirtschaftsreformen. Die sozialen Spannungen zwischen Arm und Reich und die rasche Geldentwertung zählen für ihn zu den Hauptursachen der Protestbewegung. Daher will er das Wirtschaftswachstum zügeln und zu einer stärkeren Planwirtschaft zurückkehren. Doch damit kann er sich gegen Deng Xiaoping und viele andere Parteifunktionäre nicht durchsetzen. Sein Ziel, das Wirtschaftswachstum auf sechs Prozent zu begrenzen, scheitert. Es gelingt ihm aber, die Inflation in den Griff zu bekommen. Nach dem Ausscheiden als Ministerpräsident 1998 leitet Li Peng bis 2003 den *Nationalen Volkskongress*. Als gelernter Ingenieur treibt er den Bau des Dreischluchtenstaudamms mit besonderer Entschiedenheit voran.

1928 Geburt in Chengdu, Provinz Sichuan

1945 Eintritt in die Kommunistische Partei

1982 Mitglied des *Zentralkomitees*

1985 Mitglied des *Politbüros*

1987–1998 Ministerpräsident

1998–2003 Vorsitzender des *Nationalen Volkskongresses*

Ein diktatorisches Regime

In China werden die Menschenrechte in erheblichem Maß verletzt. Wer sich für Versammlungs-, Meinungs-, Gewissens- und Religionsfreiheit einsetzt oder freie Wahlen sowie den Schutz der Persönlichkeitsrechte fordert, wird verfolgt und verurteilt. Obwohl China die Beachtung der Menschenrechte 2004 in die Verfassung aufgenommen und internationale Vereinbarungen dazu unterzeichnet hat, werden Regierungskritiker unterdrückt.

Wohlstand statt Bürgerrechte

Höchstes Ziel der Regierung ist es, die Ordnung und Einheit Chinas zu wahren. Die Verwirklichung der bürgerlichen Rechte wird demgegenüber als zweitrangig betrachtet. Chinas Führung glaubt, dass erst allgemeiner Wohlstand, sozialer Friede und politische Stabilität die Voraussetzung dafür bieten, die Menschenrechte zu verwirklichen. Daher muss die wirtschaftliche Entwicklung der politischen vorausgehen. Aus diesem Grund wird jede »*Untergrabung der Staatsgewalt*«, jede vermeintliche »*Aufstachelung zur Rebellion*« schwer bestraft. Was darunter im Einzelfall zu verstehen ist, kann ganz unterschiedlich ausgelegt werden. Jede kritische Äußerung gegen die Regierung, jede Forderung nach Presse- oder Wahlfreiheit stellt bereits einen Angriff auf die Staatsgewalt dar.

Die Verfolgung der Opposition

Kritik an der *Kommunistischen Partei Chinas* ist unerwünscht. Dies bekommen auch die Demonstranten von 1989 zu spüren. Zehntausende Kundgebungsteilnehmer wurden nach dem 4. Juni verhaftet, Tausende zu langjährigen Haftstrafen verurteilt.

An diesem harten Durchgreifen gegen jede Opposition hat sich bis heute nichts geändert. Um den Austausch von Informationen zu erschweren, kontrolliert die Regierung die Medien streng. Es gibt keine freie Presse; Journalisten, die sich nicht an die Vorgaben der Zensur halten, landen im Gefängnis.

Auch im Internet ist eine freie Meinungsäußerung nicht möglich, da Suchmaschinen und Internetseiten von Staatsbeamten auf verdächtige Inhalte hin überwacht werden. Nachrichten über Politik, Wirtschaft, Militär oder soziale Konflikte dürfen nur staatlich zugelassene Internetmedien

Polizist überwacht ein Internetcafé.

verbreiten. Unerwünschte ausländische Webseiten werden gesperrt. Wer in Internetforen die Partei angreift, muss damit rechnen, dass die Internetpolizei zu ihm ins Haus kommt. Zur Abschreckung werden immer wieder Internetoppositionelle zu hohen Haftstrafen verurteilt.

Folter und Todesstrafe

Die Haftbedingungen in China sind nach wie vor sehr schlecht. Häufig wird in Polizeigewahrsam gefoltert, um Geständnisse zu erzwingen. Die Methoden reichen von Schlafentzug bis zu Prügeln oder schmerzhaften Sitzpositionen.

Jugendliche in einem Umerziehungslager in Changchun, Nordostchina

Besonders schlimm ist das Leben in den Arbeits- und Umerziehungslagern. Dort soll der Wille einer Person durch harte Arbeit gebrochen und der Sträfling nach den Vorgaben der Partei »gebessert« werden. Viele Menschen landen nicht über reguläre Gerichtsurteile in den Arbeitslagern, sondern durch ein Schnellverfahren der Polizeibehörden.

Immer noch enden viele Gerichtsverfahren mit dem Todesurteil. Es gibt etwa 68 Straftaten, die die Todesstrafe nach sich ziehen, darunter auch Bestechung, Unterschlagung oder Betrug. Nach Schätzungen von *Amnesty International* werden im Jahr 2008 in China 7003 Todesurteile ausgesprochen und mindestens 1718 Hinrichtungen auch vollzogen.

Umgang mit Minderheiten

Besonders stark unterdrückt werden religiöse Minderheiten und kleinere Volksgruppen, die vermeintlich die Einheit Chinas untergraben. Davon betroffen sind die buddhistischen Tibeter, die muslimischen Uiguren und Hui oder das Volk der Miao. Ihre Forderungen nach religiöser und kultureller Freiheit, nach Selbstverwaltungsrechten und nach wirtschaftlicher Entwicklung missversteht die Regierung als Aufruf zur Trennung vom chinesischen Staatsverband. Dementsprechend hart reagiert die Staatsmacht.

Tibet wird 1950 gewaltsam von China eingenommen. Viele Klöster werden brutal aufgelöst, die Mönche werden vertrieben und in Arbeitslager gesteckt. Das geistliche und weltliche Oberhaupt der Tibeter, der Dalai Lama, muss nach Indien fliehen. Zuletzt werden Unruhen in Tibet im Jahr 2008 blutig unterdrückt. Mehr als 1000 Personen geraten in Gefangenschaft, viele gelten seitdem als verschollen. 2009 kommt es zu schweren Ausschreitungen zwischen Chinesen und Uiguren in Ürümqi in der Region Xinjiang. Dabei werden mindestens 197 Menschen getötet. Die chinesische Führung schlägt die Unruhen unbarmherzig nieder. Sie betrachtet die Uiguren als muslimische Terroristen.

Anlässlich der Olympischen Spiele in Peking wird gegen die Verletzung der Menschenrechte in China protestiert. | 2008

Der ökologisch sehr umstrittene Dreischluchtendamm am Jangtse   Traditionell oder modern: Wohnhäuser in Shanghai

Dreischluchtendamm

Der 2006 vollendete größte Staudamm der Welt staut den Fluss Jangtse zu einem über 600 Kilometer langen See auf. Während des Baus müssen etwa eine Million Menschen zwangsweise ihre Städte und Dörfer verlassen, weil diese überflutet werden. Umweltschützer warnen vor schwerwiegenden Folgen für die Natur und das Grundwasser.

Wirtschaftsmacht China | Im neuen Jahrtausend nimmt das Wirtschaftswachstum in China weiter an Fahrt auf. 2009 überholt die Volksrepublik den bisherigen Exportweltmeister Deutschland. Neben der Produktion für den Export treibt die Herstellung von Gütern für die eigene Bevölkerung den Wachstumsmotor an. Das Milliardenvolk hat einen ungeheuren Nachholbedarf. Beispielsweise kommen auf tausend Chinesen etwa sieben Autos.

Doch der Wunsch nach einem Lebensstandard wie in den westlichen Ländern wird sich nicht für alle erfüllen. Tiefe Gräben zwischen Gewinnern und Verlierern der Modernisierung kennzeichnen die chinesische Gesellschaft. In der benachteiligten Provinz sind die Arbeitslöhne um zwei Drittel niedriger als in den boomenden Städten, die Erträge der Feldarbeit reichen meist gerade zum Überleben aus. Viele Menschen wandern daher ab in die Millionenstädte. Auf dem Land leben oft nur noch Alte und Kinder.

Auch international wird die Entwicklung Chinas zur Wirtschaftsmacht nicht nur positiv beurteilt. Kritisiert wird besonders der mangelnde Schutz geistigen Eigentums. Das bedeutet, dass chinesische Firmen im Ausland entwickelte Produkte einfach kopieren. Außerdem ist der Zugang ausländischer Firmen zum chinesischen Markt stark beschränkt.

Wachstum um jeden Preis? | Die rücksichtslose Ausbeutung der Bodenschätze verursacht viele Umweltschäden. Schlechte Luft, verschmutztes Wasser und die Überdüngung der Böden rufen Krankheiten bei der Bevölkerung hervor. Schätzungen gehen davon aus, dass 460 000 Menschen pro Jahr an der Luft-

und Wasserverschmutzung sterben. Zum Symbol für den rücksichtslosen Fortschritt auf Kosten von Mensch und Umwelt wird insbesondere der Dreischluchtendamm.

Aufgrund des gigantischen Energiebedarfs der vielen Industriebetriebe ist China für den weltweit höchsten Ausstoß an Treibhausgas verantwortlich. Die Notwendigkeit wirkungsvoller Gegenmaßnahmen erkennt die Regierung jedoch nicht. Auf der Weltklimakonferenz in Kopenhagen 2009 vertritt der chinesische Unterhändler den Standpunkt, dass die Forderungen an China zur Verminderung des Schadstoffausstoßes ungerechtfertigt seien. Die Industrienationen selbst hätten hinsichtlich des Klimaschutzes »bislang nichts als leere Versprechungen« gemacht.

Nationales und internationales Ansehen | Um von den vielen ungelösten Problemen abzulenken, beschwört die Staatsführung immer wieder die Harmonie und die Solidarität in der Gesellschaft. Alle Bewohner des Landes sollen nach dem Willen der Regierung mithelfen, eine fortschrittliche und glückliche Zukunft zu bauen. Massenveranstaltungen dienen dazu, jeden Einzelnen in die Volksgemeinschaft einzubinden sowie dem eigenen Volk und der gesamten Welt die Größe Chinas vor Augen zu führen. Die perfekte Organisation der Olympischen Spiele 2008 in Peking werden im In- und Ausland als enormer Imagegewinn gewertet. Und mit 51 Goldmedaillen für China stellt sich auch der sportliche Erfolg ein. Die Expo 2010 in Shanghai befasst sich unter dem Titel »Better City, Better Life« (Eine bessere Stadt, ein besseres Leben) mit den Schwerpunkten Städtewachstum und Stadtentwicklung – bedeutende Themen für Chinas Zukunft. Für die gelungene Ausrichtung dieser bislang größten Weltausstellung erfährt das Land wieder reichliche Anerkennung.

Als Atommacht und Vetomacht des Weltsicherheitsrates ist die Volksrepublik ein wichtiger Akteur der Weltpolitik. Durch die Beteiligung an Friedensmissionen der UN sowie mit der Unterzeichnung wichtiger Verträge über Waffenkontrolle und Abrüstung signalisiert die chinesische Führung ihre Bereitschaft zur friedlichen außenpolitischen Zusammenarbeit. Innenpolitisch jedoch lässt die KPCh trotz der viel beschworenen Öffnung Chinas kaum Veränderungen zu. Der autoritäre Charakter des politischen Systems schränkt die persönlichen Freiheitsrechte der Chinesen weiterhin massiv ein.

Weltsicherheitsrat
Einziges Organ der Vereinten Nationen, dessen Beschlüsse für die Mitgliedstaaten bindend sind. Dominiert wird der Rat von den fünf ständigen Mitgliedern USA, Russland, China, Großbritannien und Frankreich. Diese haben bei anstehenden Entscheidungen ein Vetorecht. Die Sitze der zehn nicht ständigen Mitglieder werden jeweils für zwei Jahre vergeben. Ein Vetorecht haben sie nicht.

Olympiastadion in Peking | 2008

BUNDESREPUBLIK UND DDR

»Wir sind das Volk« – Der Mauerfall

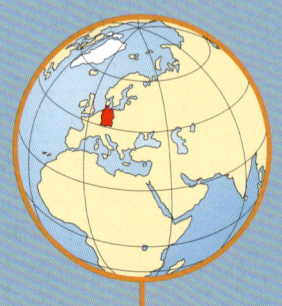

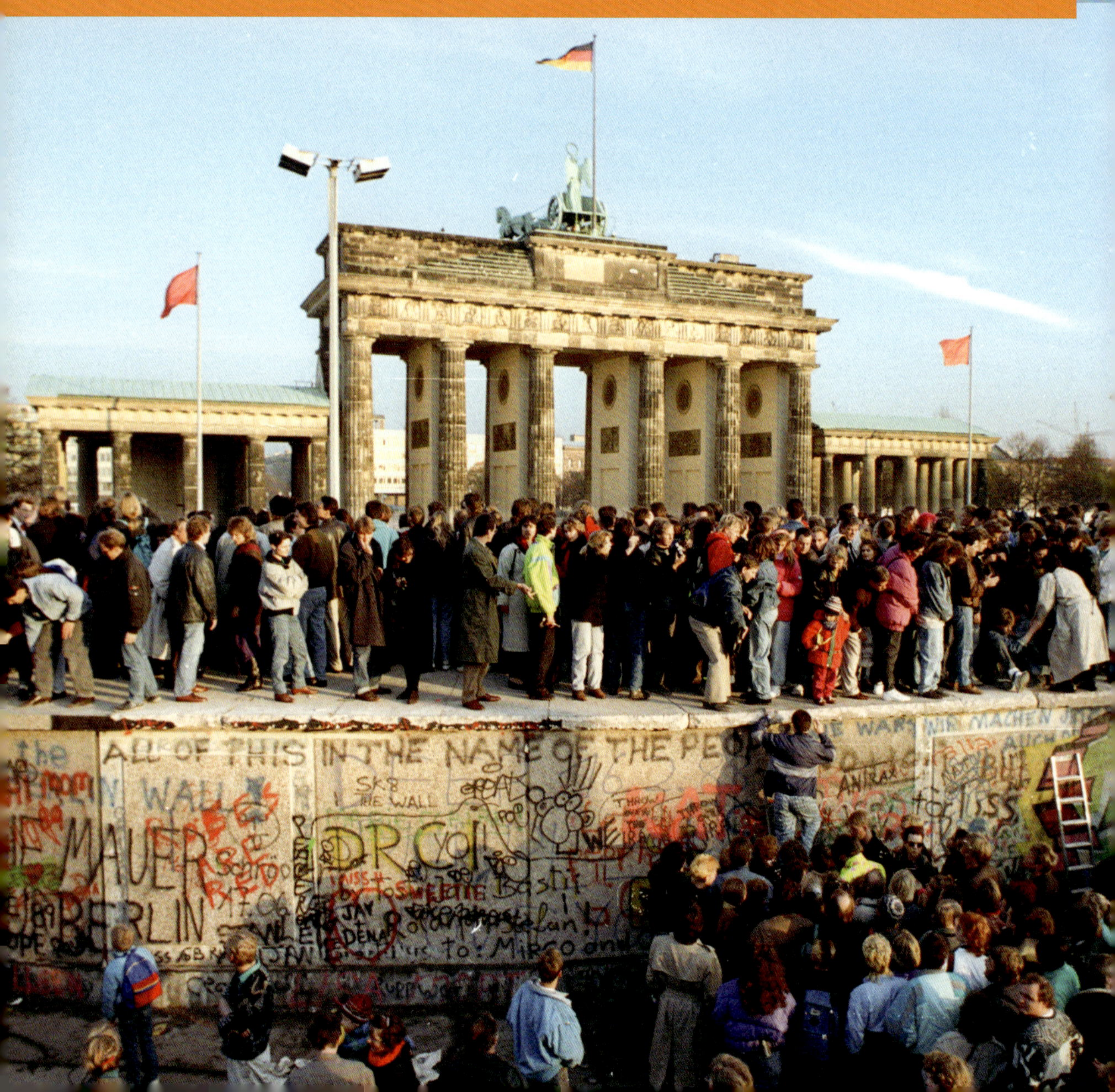

Es ist ein Wunder der Geschichte: 40 Jahre lang stehen sich die beiden Supermächte USA und Sowjetunion mit ihren jeweiligen Verbündeten feindselig gegenüber, ihr Waffenarsenal ist groß genug, die Menschheit mehrfach auszulöschen. Doch dann geht in den Jahren 1989 und 1990 der Kalte Krieg zu Ende, ohne dass ein einziger Schuss fällt oder ein Tropfen Blut fließt. Mit dem Fall der Berliner Mauer am 9. November 1989 endet die Teilung Deutschlands und Europas, kurze Zeit später lösen sich die Sowjetunion und der Warschauer Pakt auf.

Eine Pressekonferenz und ihre Folgen | Harald Jäger sitzt gerade beim Abendessen. Auf seinem Posten, dem Ostberliner Grenzübergang Bornholmer Straße, ist am Abend des 9. November 1989 wenig los. Im Hintergrund läuft der Fernseher, das staatliche Fernsehen der DDR überträgt seit 18.00 Uhr die Pressekonferenz von Günter Schabowski, der erst seit drei Tagen Sprecher der in der DDR unumschränkt regierenden *Sozialistischen Einheitspartei Deutschlands (SED)* ist. Jäger hört nur mit halbem Ohr hin. Plötzlich bleibt ihm beim Essen der Bissen im Hals stecken. Wie elektrisiert springt der diensthabende Offizier an der Staatsgrenze der DDR auf. Er kann nicht glauben, was er aus dem Mund Schabowskis vernimmt.

Grenzübergang Bornholmer Straße

Günter Schabowski während der
Pressekonferenz am 9. November 1989

Schabowskis Zettel | Es ist genau 18.53 Uhr, als ein Journalist nach dem Entwurf des von der neuen SED-Führung in Aussicht gestellten überarbeiteten Reisegesetzes fragt. Nach hektischem Blättern in seinen Unterlagen kramt Günter Schabowski einen Zettel hervor: »*Es ist, soviel ich weiß, heute eine Entscheidung getroffen worden*«, stammelt er unsicher, »*die es jedem Bürger der DDR möglich macht, äh, über Grenzübergangspunkte der DDR, äh, auszureisen.*« – »*Ab wann tritt das in Kraft?*«, hakt der Journalist nach. Schabowski zögert, schließlich liest er ziemlich schnell vom Blatt: »*Privatreisen nach dem Ausland können ohne Vorliegen von Voraussetzungen – Reiseanlässe und Verwandtschaftsverhältnisse – beantragt werden. Die Genehmigungen werden kurzfristig erteilt. (…) Ständige Ausreisen können über alle Grenzübergangsstellen der DDR zur BRD erfolgen.*« Nach mehrmaligem Nachfragen vonseiten der Journalisten, wann die Verordnung denn in Kraft trete, zuckt Schabowski hilflos mit den Schultern: »*Das tritt nach meiner Kenntnis, ist das sofort, unverzüglich.*«

Hupkonzert auf dem Ku'damm | Der Grenzsoldat Harald Jäger am Übergang Bornholmer Straße kann es nicht fassen. Ständige Ausreise – ab sofort? »*Ich dachte: Das ist doch Quatsch*«, erinnert er sich später. Doch dann strömen immer mehr Menschen an seinen Grenzposten. Jäger versucht mehrmals vergeblich, seine Vorgesetzten anzurufen. Schließlich öffnet er ohne Anweisung den Schlagbaum. Er schreibt damit ein Stück Weltgeschichte. Tausende von Ostberlinern eilen jubelnd über die Brücke in den Westteil, wo sie von wartenden Westberlinern begeistert begrüßt werden. Die Trabis machen sich mit einem lauten Hupkonzert auf den Weg zum Kurfürstendamm. Die Berliner

DDR-Bürger kommen durch den geöffneten Grenzübergang Bornholmer Straße nach Westberlin.

Mauer trennt die Stadt nicht mehr. Sie hat 28 Jahre, drei Monate und 27 Tage lang hermetisch den Ost- vom Westteil abgeriegelt und Millionen von Menschen zu Gefangenen des SED-Regimes gemacht. Das ausgeklügelte und so gut wie unüberwindbare DDR-Grenzsystem bricht in sich zusammen und wird buchstäblich überrollt. Die SED-Führung muss ohnmächtig mit ansehen, wie ihr das eigene Volk abhandenkommt.

Der Anfang vom Ende der DDR | Die Botschaft von der Öffnung der Grenze an der Bornholmer Straße verbreitet sich rasch. Die ebenso einsame wie eigenmächtige Entscheidung des Oberstleutnants Harald Jäger ist der Anfang vom Ende der DDR. Wie Dominosteine fallen nun die Absperrungen der anderen Berliner Grenzübergangsstellen, um zwei Minuten nach Mitternacht sind alle Übergänge in der Millionenstadt geöffnet. Es beginnt die Nacht der Nächte, die tollste Nacht der deutschen Geschichte. »Wahnsinn« ist das Wort des Tages, niemand kann es wirklich glauben, und doch ist es wahr. Die Berliner Mauer, das Sinnbild des *Kalten Krieges* schlechthin, ist gefallen, ohne dass ein Schuss gefallen ist, ohne dass es auch nur einen Verletzten gegeben hätte. Berlin, seit 1945 geteilt, seit 1961 durch die Mauer getrennt, wird wieder eins. Die Menschen liegen sich in den Armen, singen und küssen sich. Und ein Bild geht um die Welt: Auf der Mauer direkt vor dem Brandenburger Tor feiern die Menschen, trinken Sekt und singen »*So ein Tag, so wunderschön wie heute*« oder »*Auf der Mauer, auf der Lauer*«.

Ostberliner Bürger klettern von der östlichen Seite auf die Mauer.

Ostberliner und Westberliner vereint auf der Mauer

Ein junger Volkspolizist springt über den Stacheldraht an der Bernauer Straße.

167,8 Kilometer lang, bis zu 3,60 Meter hoch, 30 bis 500 Meter breit, gesichert mit Stacheldraht und Signalanlagen, bewacht von bewaffneten Grenzsoldaten: die Berliner Mauer. Undurchdringlich umschließt sie vom 13. August 1961 bis zu ihrem Fall am 9. November 1989 den freien Westteil Berlins. Auf diese Weise soll eine Flucht der DDR-Bürger aus dem Ostteil der Stadt und dem umliegenden Staatsgebiet der DDR in den Westen unmöglich gemacht werden.

Die Teilung Deutschlands

Nach dem Zweiten Weltkrieg teilen die vier Siegermächte das besiegte Deutschland unter sich auf. 1949 entsteht dann aus den drei westlichen Besatzungszonen die Bundesrepublik Deutschland, aus der sowjetisch besetzten Zone die DDR. Berlin dagegen, mitten auf dem Staatsgebiet der DDR gelegen und ebenfalls in vier Zonen geteilt, steht weiterhin unter gemeinsamer Vier-Mächte-Verwaltung. 1948/49 scheitert ein Versuch des sowjetischen Diktators Stalin, die Westmächte aus Berlin zu drängen und die gesamte Stadt seinem Herrschaftsgebiet einzuverleiben.

Berlin bleibt offen

So herrscht in Berlin während des *Kalten Krieges* ein einzigartiger Ausnahmezustand. Der Westteil der Stadt ist ein Stück der westlichen Welt, ein »Schaufenster« westlicher Kultur und Lebensstils. Und damit ist Westberlin eine ständige Provokation für die sozialistischen Machthaber in Ostberlin und Moskau.

Während die DDR-Führung unter Walter Ulbricht ab 1952 damit beginnt, die Grenze zwischen den beiden deutschen Staaten abzuriegeln, bleibt Berlin offen. Von 1945 bis 1961 fliehen etwa 3,5 Millionen Menschen aus der DDR und anderen Ostblockstaaten über Berlin in den Westen. Der Aderlass für die DDR-Wirtschaft ist enorm, weil vor allem die gut Ausgebildeten und Qualifizierten das Land verlassen.

1958 verschärft der neue sowjetische Machthaber Nikita Chruschtschow die Lage. Er kündigt den Vier-Mächte-Status auf und fordert die Wiedervereinigung und Neutralität der Stadt bei gleichzeitigem Abzug aller ausländischen Truppen. Zwar lehnen die drei Westmächte das *Berlin-Ultimatum*

Westberliner schauen über die neu errichtete Mauer. | 1961

ab, doch als Folge der Krise steigt die Fluchtwelle in den Westen dramatisch an. Ulbricht drängt auf eine endgültige Lösung und die heißt: Schließung der Grenze. Die Situation eskaliert. Am 25. Juli 1961 stellt US-Präsident John F. Kennedy unmissverständlich klar, dass die USA zum Äußersten bereit sind, um die Freiheit Westberlins zu verteidigen. Gleichzeitig aber signalisiert er, dass er sich mit dem bestehenden Zustand in Westberlin abfinden würde.

Der tödlich verletzte Peter Fechter wird weggetragen. | 1962

Eine Mauer mitten durch die Stadt

Chruschtschow versteht den Hinweis – er hat in seiner eigenen Zone freie Hand. Anfang August stimmt er dem Vorschlag Ulbrichts zu, die Grenzen des Ostsektors vollständig abzuriegeln. Am 13. August 1961, einem Sonntag, beginnen die Bauarbeiten an der Sektorengrenze. Straßen werden abgeriegelt, Übergänge mit Stacheldraht dicht gemacht, Soldaten stationiert. Die Mauer zieht sich mitten durch die Stadt, Familien werden auseinandergerissen, Nachbarn getrennt, aus einer Stadt werden zwei. Die Berliner Mauer wird zum Symbol des *Kalten Krieges* und der Teilung Europas.

Im Mauerstreifen verblutet

Die an der Mauer stationierten Grenzsoldaten haben den Befehl, jeden Grenzübertritt zu verhindern. Dabei sollen sie auch von der Schusswaffe Gebrauch machen. Zum ersten Mal geschieht dies am 24. August 1961: Der 24-jährige Günter Litfin wird beim Versuch, am Humboldthafen in den Westen zu schwimmen, erschossen. Ein Jahr später, am 17. August 1962, verblutet der 18-jährige Peter Fechter im Todesstreifen an der Kreuzberger Zimmerstraße. 45 Minuten kämpft der Angeschossene um sein Leben, niemand kommt ihm zu Hilfe. Obwohl das Grenzsicherungssystem ständig noch perfekter ausgebaut wird, gelingen immer wieder spektakuläre Fluchtversuche: Im Oktober 1964 erreichen 57 Menschen über einen selbst gegrabenen Tunnel den Westen, 1979 fahren zwei Familien mit einem Heißluftballon in die Freiheit. Doch das sind Ausnahmen.

Nach einer 2008 vorgelegten Studie kommen 136 Menschen an der Berliner Mauer ums Leben, unter ihnen auch acht DDR-Grenzsoldaten, weitere 48 sterben bei Kontrollen an den Grenzübergangsstellen. Das letzte Opfer der Todesschüsse ist der 20-jährige Chris Gueffroy, der in der Nacht vom 5. auf den 6. Februar 1989 an der Berliner Mauer von mehreren Schüssen getroffen wird und sofort stirbt. Zwei Monate später, am 3. April 1989, hebt Staats- und Parteichef Erich Honecker den Schießbefehl auf.

Grenzanlage mit Panzersperren und Sichtblende

»Neues Denken« | Es sind nicht allein die DDR-Bürger, die nach 40 Jahren genug von der politischen Bevormundung durch ihre Regierung haben. Im gesamten Ostblock ist der Ruf der Menschen nach demokratischen Reformen, freien Wahlen, Presse- und Meinungsfreiheit, Rechtsstaatlichkeit, Marktwirtschaft und Reisefreiheit unüberhörbar. Wie kein anderer steht Michail Sergejewitsch Gorbatschow für das »neue Denken«; er ist Generalsekretär der *Kommunistischen Partei der Sowjetunion (KPdSU)* und damit der erste Mann der UdSSR. Im März 1985 hat der 54-Jährige sein Amt im Moskauer Kreml angetreten – und seinem Land eine radikale »Frischzellenkur« verordnet, die die Welt verändern sollte. Denn nach Jahren des Stillstands befindet sich die Sowjetunion in einer schweren politischen wie wirtschaftlichen Krise. Der Rüstungswettlauf mit den USA übersteigt alle Kräfte und die Versorgungslage ist schlecht: Der militärischen Supermacht UdSSR droht der Kollaps.

Glasnost und Perestrojka | Gorbatschow setzt auf *Glasnost* (Offenheit) und *Perestrojka* (Umbau), um die Krise zu überwinden und die Sowjetunion zu modernisieren. Offen werden die Fehler und Verbrechen der KPdSU eingestanden, bislang geheime Dokumente öffentlich gemacht und Meinungsfreiheit zugelassen. Gleichzeitig sollen die kaum Nutzen bringende Planwirtschaft umgebaut, Privateigentum zugelassen und Wettbewerb ermöglicht werden. Auch außenpolitisch schlägt Gorbatschow völlig neue Wege ein: Er trifft sich mit US-Präsident Ronald Reagan und kündigt eine weitreichende Abrüstung an.

Reagan und Gorbatschow mit dem Abrüstungsvertrag | 1988

»Wir waren auf alles vorbereitet, nur nicht auf Kerzen und Gebete.«

HORST SINDERMANN, PRÄSIDENT DER DDR-VOLKSKAMMER, 1989

Ein Loch im Eisernen Vorhang | Vor allem aber ist der Kremlchef bereit, die lange unterdrückte Eigenständigkeit der *»sozialistischen Bruderländer«* endlich zu akzeptieren. Sie dürfen nun ihre Staatsform selbst bestimmen und freie, auch nicht kommunistische Regierungen wählen. In Polen, wo sich schon im Jahr 1980 die unabhängige Gewerkschaft *Solidarność* gebildet hat, lässt die regierende kommunistische Partei im Juni 1989 freie Wahlen zu, bei der die Opposition haushoch gewinnt. Und am 24. August wird Tadeusz Mazowiecki zum ersten nicht kommunistischen Ministerpräsidenten in einem Ostblock-Land gewählt. Auch Ungarn ist auf dem Weg zu einem demokratischen Mehrparteiensystem. Am 27. Juni 1989 durchtrennen in einer symbolischen Aktion der ungarische Außenminister Gyula Horn und sein österreichischer Amtskollege Alois Mock den Stacheldraht an der Grenze zwischen ihren Ländern – der bis dahin unüberwindliche *Eiserne Vorhang* hat ein erstes Loch.

Horn und Mock durchtrennen den Grenzzaun. | 1989

Wahlfälschung und Ausreisewelle | Nur die DDR-Führung will von *Glasnost* und *Perestrojka,* von demokratischen Freiheiten und wirtschaftlichen Reformen nichts wissen. Der greise DDR-Staats- und Parteichef Erich Honecker und seine Mitstreiter klammern sich halsstarrig an die schwindende Macht und kritisieren offen die Entwicklung in den *»Bruderländern«* UdSSR, Polen und Ungarn. Dieser Starrsinn entfremdet die Regierung zunehmend von der eigenen Bevölkerung.

Überall in der DDR entstehen Bürgerrechts-, Friedens- oder Umweltgruppen, die unter dem schützenden Dach der Kirche zunehmend mutiger die Unterdrückung in ihrem Land anprangern. Im Sommer 1989 spitzt sich die Lage zu. Bei den Kommunalwahlen am 7. Mai verkündet die SED eine Zustimmung von 98,85 Prozent der Wähler zu den Wahlvorschlägen der Partei, dabei kommen unabhängige Wahlbeobachter auf teilweise bis zu zehn Prozent Ablehnung. Die Wahlfälschung ist offen-

Aufruf zur Offenheit auf dem Evangelischen Kirchentag in Ostberlin | 1987

sichtlich, das Vertrauen in die Führung schwindet weiter, es kommt zu einer Fluchtwelle. DDR-Bürger suchen in den Botschaften der Bundesrepublik Deutschland in Budapest, Warschau und Prag Zuflucht. Sie hoffen, auf diese Weise in den Westen zu kommen. Tausende fliehen über die offene Grenze von Ungarn nach Österreich. Staats- und Parteichef Erich Honecker liegt derweil im Krankenhaus, die SED-Führung ist wie gelähmt.

Hans-Dietrich Genscher

Geboren 1927 in Halle/Saale; 1952 Flucht aus der DDR. FDP-Politiker, von 1974 bis 1992 Außenminister und Vizekanzler der Bundesrepublik Deutschland. Setzt als Außenminister auf den Dialog zwischen Ost und West. Seine guten Kontakte helfen bei der Wiederherstellung der deutschen Einheit.

Genschers Auftritt in Prag | Die Zustände in der bundesdeutschen Botschaft in Prag sind untragbar: Dort gibt es nicht genug Platz für die vielen Flüchtlinge, die meisten von ihnen müssen im Garten campieren. Bundesaußenminister Hans-Dietrich Genscher verhandelt am Rande der *UN-Vollversammlung* in New York mit seinem DDR-Amtskollegen Oskar Fischer und dem sowjetischen Außenminister Eduard Schewardnadse. Die DDR will keine weiteren Anreize für die Flucht in den Westen schaffen, doch Genscher setzt sich durch. Aus *»humanitären Gründen«* stimmt Ostberlin schließlich zu – unter einer Bedingung: Der Zug mit den Botschaftsflüchtlingen muss über die DDR in die Bundesrepublik fahren.

Genscher fliegt unverzüglich nach Prag, wo er am Abend des 30. September vom Balkon der Botschaft aus seinen ostdeutschen Landsleuten die frohe Botschaft verkündet: *»Wir sind gekommen, um Ihnen mitzuteilen, dass heute Ihre Ausreise …«* Weiter kommt er nicht, der Rest des Satzes geht im Jubel der erleichterten Menschen unter. Später sagt Genscher, an diesem Tag sei ihm klar geworden, dass die Wiedervereinigung Deutschlands nicht mehr aufzuhalten ist. Zusammen mit Bundeskanzler Helmut Kohl wird er zu einem Architekten der deutschen Einheit. Am selben Abend noch fahren die ersten mit Flüchtlingen besetzten Züge von Prag ab. Am nächsten Morgen ist der Botschaftsgarten menschenleer, doch Stunden später stehen bereits wieder ausreisewillige DDR-Bürger vor dem Tor. Der Flüchtlingsstrom hält weiter an, da befürchtet wird, dass die DDR-Regierung Reisen in die Tschechoslowakei bald nur noch mit einem Visum erlaubt. Und tatsächlich: Nachdem am 4. Oktober nochmals etwa 7000 Menschen von Prag aus in die Bundesrepublik ausgereist sind, führt die DDR eine Visumpflicht ein.

DDR-Flüchtlinge in der Prager Botschaft | 1989

»Wer zu spät kommt, den bestraft das Leben.«

MICHAIL GORBATSCHOW, 1989

Geburtstag mit Protesten | In dieser angespannten innen- wie außenpoliti-schen Situation feiert die SED-Führung am 7. Oktober 1989 den 40. Jahrestag der DDR-Gründung. Es soll ein Jubelfest werden, nichts darf nach dem Willen von Staats- und Parteichef Erich Honecker den schönen Schein trüben. Doch die Risse innerhalb der sozialistischen Staatengemeinschaft sind unübersehbar. Der innige Bruderkuss zwischen Kremlchef Gorbatschow und Honecker täuscht nur mühsam darüber hinweg, wie vergiftet die Atmosphäre in Wirk-lichkeit ist. Hinter verschlossenen Türen tragen die beiden den Konflikt offen aus. Gorbatschow drängt auf politische wie wirtschaftliche Reformen und mahnt die DDR-Führung, die Zeichen der Zeit zu erkennen. Honecker wirft ihm dagegen vor, den Kommunismus zu verraten und die Einheit des sozialis-tischen Lagers zu gefährden. Unmissverständlich macht Gorbatschow der DDR-Führung deutlich, dass sie bei der Lösung ihrer Probleme nicht mit der Hilfe des »großen Bruders« rechnen könne.

Am Rande der Feierlichkeiten kommt es zu Protesten der DDR-Bürger. »*Gorbi, hilf uns!*«, rufen sie, lautstark fordern sie »*Glasnost*« und »*Perestrojka*« oder »*Demokratie – jetzt oder nie!*« Schwer bewaffnete Sicherheitskräfte neh-men allein in Berlin rund 1200 Demonstranten fest.

Militärparade vor der Tribüne mit den Ehrengästen

Michail Gorbatschow

1931 Geburt in Priwolnoje (Kaukasus-region Stawropol)

1950–1954 Jura-studium in Moskau

1966 Leitung der Parteiorganisation von Stawropol

1978 ZK-Sekretär für Landwirtschaft

1980 Vollmitglied des Politbüros

1985–1991 General-sekretär des Zentral-komitees der KPdSU

1990/91 Präsident der Sowjetunion

1990 Friedensnobel-preis

Im Westen wird er bis heute als Reformer gefeiert, der den *Kalten Krieg* friedlich beendet und die Staaten des Ostblocks in die Freiheit entlassen hat. Im eigenen Land jedoch gilt er als der Hauptschuldige für den Untergang der Sowjetunion und die damit verbundenen gesellschaftlichen und sozialen Probleme. Michail Gorbatschow wirkt wie der Zauberlehrling, der die Geister, die er rief, nicht mehr losgeworden und letztlich sogar von ihnen besiegt worden ist.

Sozialismus mit menschlichem Antlitz

Der studierte Jurist, dessen Eltern einfache Bauern waren, durchläuft zunächst eine steile Karriere als politischer Funktionär innerhalb der *KPdSU*. Seine Führungspositionen erlauben es ihm, als Mitglied offizieller Delegationen ins Ausland zu reisen. Mit wachen Augen registriert Gorbatschow die wirtschaftliche und soziale Überlegenheit des westlichen Systems gegenüber der rückständigen Sowjetunion. Unter den alten und kranken Staatsoberhäuptern Leonid Breschnew, Juri Andropow und Konstantin Tschernenko bleibt jegliche Entwicklung aus. Als Gorbatschow 1985 mit 54 Jahren zum zweitjüngsten *Generalsekretär des Zentralkomitees* in der Geschichte der *KPdSU* gewählt wird, ist er entschlossen, grundlegende Reformen einzuleiten. *Glasnost* (Offenheit) und *Perestrojka* (Umbau) werden zu Schlagworten seiner Politik.

Präsident ohne Staat

Doch die von ihm in Gang gesetzten Reformen überrollen ihren Urheber. Die »sozialistischen Bruderstaaten« sagen sich geschlossen vom Ostblock los und wenden sich dem Westen zu, im eigenen Land brechen die lange unterdrückten Konflikte zwischen den unterschiedlichen Nationalitäten offen aus. Die Wirtschaft bricht zusammen, es kommt zu Geldentwertung, Lebensmittelknappheit und der Verarmung großer Bevölkerungsschichten. Die Kritik an seinem Reformkurs wächst. 1991 putschen rechtskonservative Politiker gegen ihn. Gemeinsam mit seiner Frau Raissa steht er bange Tage unter Hausarrest in seinem Ferienhaus auf der Krim aus. Nur dank der Hilfe Boris Jelzins, des neu gewählten Präsidenten der russischen Teilrepublik, kann er sich an der Macht halten. Doch seine Tage sind ebenso gezählt wie die der Sowjetunion. Am Ende ist Gorbatschow ein Präsident ohne Staat und muss von allen Ämtern zurücktreten. Im Westen hoch angesehen, erhält er 1990 den Friedensnobelpreis. In Russland engagiert er sich weiterhin gesellschaftspolitisch und gründet 2008 die *Unabhängige Demokratische Partei Russlands*.

Im Herbst 1987 steht der Staats- und Parteichef der DDR auf dem Höhepunkt seiner Macht. Bei einem offiziellen Staatsbesuch in Bonn wird Erich Honecker zu Ehren der rote Teppich ausgerollt, vor dem Kanzleramt erklingen die Hymnen der DDR und der Bundesrepublik. Die gleichberechtigte Existenz zweier deutscher Staaten wird nicht mehr infrage gestellt. Genau zwei Jahre später, im Herbst 1989, jagt die eigene Partei Honecker aus allen Ämtern. Er wird zum Fremden im eigenen Land und dann heimlich nach Moskau ausgeflogen.

Widerstand gegen das Hitler-Regime

Der gebürtige Saarländer, ein gelernter Dachdecker, wird in den schwierigen Jahren der Weimarer Republik groß. Die Auseinandersetzungen seines kommunistischen *Jung-Spartakusbundes* mit den Nationalsozialisten, die Ausbildung im Moskau der Stalin-Ära und die illegale Untergrundarbeit gegen das Hitler-Regime prägen ihn. Im Dezember 1935 wird er verhaftet und 1937 zu zehn Jahren Haft verurteilt. Kurz vor Kriegsende gelingt ihm die Flucht.

Steile Karriere in der DDR

In Berlin schließt Honecker sich der *Gruppe Ulbricht* an, die in der *Sowjetischen Besatzungszone (SBZ)* maßgeblich an der Organisation des kommunistischen Wiederaufbaus beteiligt ist. 1946 gründet er die *Freie Deutsche Jugend (FDJ)* und macht in der SED Karriere. Als Sicherheitssekretär ist er für den Bau der Berliner Mauer verantwortlich. 1971 löst er Walter Ulbricht als Parteichef ab. Unter seiner Führung entspannt sich das Verhältnis zur Bundesrepublik; die Konsumgüterproduktion in der DDR steigt. Doch ab Ende der 1970er-Jahre schlittert die DDR in eine Krise: Mit der Ausbürgerung des kritischen Liedermachers Wolf Biermann verschlechtert sich das kulturelle Klima, zudem ist die viel beschworene »*Einheit von Wirtschafts- und Sozialpolitik*« nicht mehr finanzierbar. Der Reformpolitik Gorbatschows steht Honecker ablehnend gegenüber, die Opposition im eigenen Land nimmt er nicht zur Kenntnis.

Prozess wegen des Schießbefehls

Auch sein Rücktritt kann das Ende der DDR nicht aufhalten. 1992 überstellt ihn die russische Regierung gegen seinen Willen der Bundesrepublik Deutschland. Honecker kommt in Haft. Am 12. November 1992 beginnt der Prozess gegen ihn, er wird wegen des Schießbefehls an der innerdeutschen Grenze angeklagt. Am 12. Januar 1993 wird das Verfahren gegen den schwer krebskranken Mann eingestellt. Seine letzten Monate verbringt er in Santiago de Chile.

1912 Geburt in Neunkirchen

1930/31 Schulbesuch in Moskau

1937–1945 Haft im Zuchthaus Brandenburg

1946–1955 Vorsitzender der FDJ

1958–1989 Vollmitglied im Politbüro der SED

1971–1989 Vorsitzender der SED und Staatsoberhaupt der DDR

1989 Rücktritt von allen Ämtern

1991 Flucht nach Moskau

1992 Rückkehr nach Berlin, Prozess

1994 Tod in Santiago de Chile

Einsatz der Volkspolizei in Leipzig

Die Opposition formiert sich | Für die SED-Führung ist der Republikgeburtstag ein kompletter Fehlschlag. Ausführlich berichten die Westmedien über die Proteste und die Verhaftungen, Honeckers Autorität schwindet, seine Tage sind gezählt. Die Menschen verlieren die Angst vor dem Staatsapparat, vor Polizei und *Staatssicherheitsdienst (Stasi)*, die Opposition formiert sich. Schon am 9./10. September 1989 haben Bärbel Bohley, Katja Havemann, Rolf Henrich und andere Bürgerrechtler das *Neue Forum* gegründet, das einen offenen Dialog zwischen Staat und Gesellschaft fordert. Es folgen weitere Gruppierungen wie *Demokratie Jetzt* oder der *Demokratische Aufbruch*, die sich ausdrücklich nicht als politische Parteien, sondern als Plattform unterschiedlichster Interessen verstehen. Am 7. Oktober schließlich erfolgt die (Wieder-)Gründung der SPD in der DDR – das gleicht einer offenen Kampfansage an die SED. Die Opposition fordert weitreichende Reformen, von einer Vereinigung mit der Bundesrepublik ist allerdings noch nirgendwo die Rede.

Die Montagsdemonstrationen in Leipzig | Ein Zentrum des Widerstands ist die Messestadt Leipzig. In der Nikolaikirche veranstaltet Pfarrer Christian Führer seit 1982 jeden Montag Friedensgebete gegen das Wettrüsten in Ost und West. Seit Anfang September 1989 gehen die Menschen nach dem Gebet auf die Straße, um für Demokratie, Reisefreiheit und freie Wahlen zu demonstrie-

Demonstranten vor der Stasi-Zentrale in Leipzig

ren. Sind es anfangs nur einige wenige, schwillt die Zahl derer, die sich an den Montagsdemonstrationen beteiligen, von Woche zu Woche an. Ihr Ruf »*Wir sind das Volk!*« wird zur Losung des friedlichen Widerstandes.

Nach den missglückten Feierlichkeiten aus Anlass des Staatsjubiläums ist die SED-Führung entschlossen, am Montag, den 9. Oktober, gegen die Demonstranten in Leipzig vorzugehen und die Autorität des Staates wiederherzustellen. Trotz aller Drohungen kommen 70 000 Menschen zusammen, bekennen sich mit Kerzen in der Hand zur Gewaltfreiheit und fordern einen demokratischen Neuanfang. Bereits am Nachmittag haben drei Leipziger Prominente, unter ihnen der Dirigent Kurt Masur, zusammen mit den Spitzen der SED-Bezirksverwaltung einen Appell zur Gewaltlosigkeit verfasst. Dieser Aufruf wird im Rundfunk verlesen und von den Menschen in Leipzig befolgt. Es bleibt ruhig. Obwohl 8000 bewaffnete Einsatzkräfte und weitere 5000 Kräfte in Zivil bereitstehen, um gegen die Demonstranten vorzugehen, bleibt der Einsatzbefehl aus. Die friedliche Revolution hat gesiegt, Leipzig wird zur »*Heldenstadt*«.

Nun überschlagen sich die Ereignisse: Am 18. Oktober 1989 stürzt das SED-Politbüro Erich Honecker und beruft Egon Krenz an die Spitze von Partei und Staat. Er verspricht eine »*Wende*«, doch Krenz ist viel zu sehr ein SED-Mann, um glaubhaft für den angekündigten Neuanfang zu stehen.

Zentralkomitee und Politbüro

Das Zentralkomitee ist das höchste beschlussfassende Organ der SED. Es kommt mehrmals im Jahr zusammen; 1989 gehören ihm 165 Mitglieder an. Die eigentliche Tagesarbeit findet im Politbüro statt, das jede Woche tagt. Das Politbüro ist das eigentliche Machtzentrum der DDR, seine Beschlüsse sind für die Regierung bindend.

Montagsdemonstration In Leipzig

»Runder Tisch« in Ostberlin

Am 4. November kommt es auf dem Berliner Alexanderplatz zur bis dahin größten Massendemonstration in der Geschichte der DDR. Fünf Tage später, am 9. November, fällt die Berliner Mauer. Das Ende der DDR ist eingeläutet. Am 3. Dezember treten *Zentralkomitee* und *Politbüro der SED* geschlossen zurück, auch Egon Krenz erklärt wenige Tage später seinen Rücktritt von allen Ämtern.

Der als Reformer geltende Dresdener SED-Bezirkschef Hans Modrow wird nun neuer Ministerpräsident. Der *Zentrale Runde Tisch*, dem zahlreiche Vertreter der Oppositionsbewegungen angehören, nimmt seine Arbeit auf. Acht Bürgerrechtler treten am 5. Februar 1990 als Minister ohne Geschäftsbereich in die Regierung ein. Aber es gibt ein Problem: Weder die Regierung noch die *Volkskammer* und auch nicht der *Runde Tisch* sind demokratisch legitimiert, also vom Volk gewählt. In Ostberlin herrscht ein gefährliches Machtvakuum, alle staatlichen Strukturen, bislang fest in SED-Hand, sind in Auflösung begriffen. Die ursprünglich für den 6. Mai 1990 vorgesehenen freien Wahlen zur *Volkskammer* werden auf den 18. März vorverlegt. Die SED hat in der Zwischenzeit eine Kehrtwende vollzogen und sich in *Partei des Demokratischen Sozialismus (PDS)* umbenannt.

Der Ruf nach Einheit | Während Modrow und der *Runde Tisch* versuchen, einen »dritten Weg« zwischen Sozialismus und Marktwirtschaft einzuschlagen, beginnen die Menschen in der DDR lautstark die Wiedervereinigung zu fordern. Aus dem Ruf »Wir sind das Volk!« wird bald schon die Losung »Wir sind ein Volk!«. Gleichzeitig findet eine »Abstimmung mit den Füßen« statt. Zu

DDR-Bürger auf dem Weg in den »Westen«

»Honecker log, Krenz log, Dialog.«

SPRUCH AUF EINEM TRANSPARENT AUF DER LEIPZIGER MONTAGSDEMONSTRATION, 1989

Die Einheit wird zum Ziel.

Hunderttausenden verlassen DDR-Bürger ihr Land und siedeln in den Westen über. Allein zwischen dem 9. November 1989 und Ende Januar 1990 sind das 225 000 Menschen, vor allem die Jüngeren, gut Ausgebildeten. Auch eine reformierte DDR bietet ihnen keine Perspektive. Die Wirtschaft erweist sich als nicht konkurrenzfähig, der Staat ist praktisch pleite, die westdeutsche Mark wird zum Zahlungsmittel.

Bundeskanzler Helmut Kohl, der zunehmend das Machtvakuum in Ostberlin ausfüllt, bestimmt nun den Kurs und die Richtung – und die heißt: Einheit. Kohl ist denn auch der eigentliche Sieger der Volkskammerwahl am 18. März. Die von ihm geschmiedete *Allianz für Deutschland,* angeführt von Lothar de Maizière, erringt einen überwältigenden Wahlsieg. Er gilt als klares Votum für eine schnelle Wiedervereinigung der beiden deutschen Staaten. Die Regierungen in Bonn und Ostberlin gehen nun rasch daran, einen *Einigungsvertrag* auszuhandeln. Am 1. Juli wird die Deutsche Mark als alleiniges Zahlungsmittel eingeführt, doch die DDR-Wirtschaft erleidet dadurch einen Schock. Die industrielle Produktion bricht rapide ein, erste Massenentlassungen sind die Folge. DDR-Ministerpräsident Lothar de Maizière warnt vor einem Kollaps der DDR. In einer dramatischen Nachtsitzung beschließt die *Volkskammer* am 23. August den Beitritt zur Bundesrepublik Deutschland.

Finanzminister Romberg und Waigel feiern die Währungsunion. | 1990

Ansturm bei der Ausgabe des neuen Geldes | 1990

Helmut Kohl

16 Jahre Bundeskanzler und 25 Jahre CDU-Vorsitzender: Mit diesen Rekorden übertrifft Helmut Kohl alle seine Vorgänger. Der »Pfälzer« wird anfangs von vielen als provinziell verspottet und unterschätzt. Doch er erkennt 1989/1990 die historische Chance, die sich aus dem Fall der Berliner Mauer ergibt, und gestaltet aktiv den deutschen wie den europäischen Einigungsprozess. Als »Kanzler der Einheit« schreibt er Geschichte.

Strickjackenpolitik

Nach dem Zweiten Weltkrieg tritt Helmut Kohl mit 17 Jahren der CDU bei und beginnt rasch, sich politisch zu engagieren. Schon mit 39 Jahren wird er Ministerpräsident von Rheinland-Pfalz. Als »gelernter« Historiker ist es ihm eine Herzensangelegenheit, Deutschland in das westliche Bündnissystem einzubinden und in die europäische Staatenfamilie zu integrieren. Er setzt den NATO-Nachrüstungsbeschluss gegen den Widerstand der Bevölkerung um und pflegt die Aussöhnung mit dem Nachbarn Frankreich. In den dramatischen Wochen und Monaten nach dem überraschenden Fall der Mauer schmiedet er dann sein Meisterstück: die deutsche Einheit. Helmut Kohl steht seit 1982 an der Spitze der Bundespolitik. Darum kann er jetzt von seinen guten persönlichen Beziehungen zu den entscheidenden Machthabern profitieren – von US-Präsident George Bush sen. über Frankreichs Staatspräsident François Mitterrand bis zu Kremlchef Michail Gorbatschow. Mit seiner Politik nimmt Helmut Kohl dem Ausland die Ängste vor einem wiedererstarkenden Deutschland.

Innenpolitische Lähmung

1990 ist Kohl auf dem Höhepunkt seiner Macht, die ersten gesamtdeutschen Bundestagswahlen am 2. Dezember gewinnt er mit großem Vorsprung. Doch so beherzt und mutig der Kanzler den außenpolitischen Einigungsprozess gestaltet hat, so stockend und mühsam verläuft die innere Einigung der geteilten Nation. Den Menschen im Osten verspricht er »blühende Landschaften«, doch diese erleben erst einmal die Schließung ihrer Betriebe und ihre Entlassung. Die Kosten explodieren, die Sozialbeiträge steigen, die Steuern werden erhöht. Die oppositionelle SPD nutzt ihre Mehrheit im Bundesrat, die Regierung Kohl zu lähmen. Dennoch tritt Helmut Kohl 1998 ein fünftes Mal als Kanzlerkandidat an – und wird abgewählt. Ein Jahr später wird bekannt, dass er Parteispenden nicht angegeben hat. Dies stürzt die CDU in eine schwere Krise und trübt die Erinnerung an ihren langjährigen Vorsitzenden.

1930 Geburt in Ludwigshafen
1950–1956 Studium der Geschichte und Staatswissenschaften
1959 Referent beim Verband der Chemischen Industrie
1959–1976 Mitglied des Landtags von Rheinland-Pfalz
1969–1976 Ministerpräsident des Landes Rheinland-Pfalz
1973–1998 Bundesvorsitzender der CDU
1976–1982 CDU/CSU-Fraktionsvorsitzender im Bundestag
1982–1998 Bundeskanzler

Zwei plus vier ist eins | Ungleich schwieriger gestalten sich die außenpolitischen Verhandlungen über die Wiederherstellung der deutschen Einheit. Für »*Deutschland als Ganzes*« sind nach dem *Potsdamer Abkommen* von 1945 die vier Siegermächte USA, UdSSR, Großbritannien und Frankreich zuständig. Nur US-Präsident George Bush sen. und sein Außenminister James Baker unterstützen von Anfang an vorbehaltlos den Kurs von Bundeskanzler Helmut Kohl. Der französische Staatspräsident François Mitterrand verfolgt einen Zickzackkurs. Dagegen leisten sowohl die britische Premierministerin Margaret Thatcher als auch Kremlchef Michail Gorbatschow anfangs massiven Widerstand.

Bundeskanzler Kohl (links), Theo Waigel, Hans-Dietrich Genscher (Mitte), Michail Gorbatschow in Bonn | 1990

Der Schlüssel zur deutschen Einheit liegt in Moskau, der Schutzmacht der DDR. Dank ihres guten persönlichen Verhältnisses zu Gorbatschow und Außenminister Eduard Schewardnadse gelingt es Helmut Kohl und Hans-Dietrich Genscher, die Ängste der Sowjetunion vor einem wiedervereinigten Deutschland zu besänftigen. Gorbatschow akzeptiert das Selbstbestimmungsrecht des deutschen Volkes, ja, bei einem Besuch Kohls in seiner kaukasischen Heimat im Juli 1990 stimmt er endgültig der Mitgliedschaft des vereinten Deutschlands in der NATO zu. Im Gegenzug leistet Bonn umfangreiche finanzielle Hilfen für die aus dem Staatsgebiet der DDR abziehenden sowjetischen Soldaten. Am 12. September 1990 kann in Moskau der *Zwei-plus-Vier-Vertrag* zwischen der Bundesrepublik, der DDR, Frankreich, Großbritannien, den USA und der Sowjetunion unterzeichnet werden. Der Wiedervereinigung Deutschlands am 3. Oktober 1990 steht nichts mehr im Weg.

Unterzeichnung des Abschlussdokuments über die Vereinigung von Bundesrepublik und DDR in Moskau | 1990

> »Wir beide haben in den Gesprächen festgestellt, dass die Welt eine Epoche des Kalten Krieges verlässt und in eine andere Epoche eintritt.«

»Samtene Revolution« in Prag | 1989

Das Ende des Kalten Krieges | Innerhalb weniger Monate hat sich Europa dramatisch verändert. Der *Eiserne Vorhang*, der sich 40 Jahre lang von der Ostsee bis zur Adria quer über den Kontinent zog, ist verschwunden. Wie Dominosteine fallen nach dem Fall der Berliner Mauer auch alle anderen kommunistischen Regime in Osteuropa. In Prag triumphiert die »samtene Revolution«, angeführt von dem Dichter Václav Havel, in Bulgarien tritt der Diktator Todor Schiwkow zurück, in Rumänien wird der Despot Nicolae Ceaușescu von einem Militärgericht zum Tod verurteilt.

Anfang Dezember 1989 erklärt Michail Gorbatschow bei einem Gipfeltreffen mit US-Präsident George Bush sen. den *Kalten Krieg* für endgültig beendet.

Zerfall des sowjetischen Imperiums | Das Riesenreich der Sowjetunion zwischen Ostsee und Pazifik zeigt Risse. Die drei baltischen Länder Estland, Lettland und Litauen, die während des Zweiten Weltkrieges besetzt worden sind, machen den Anfang und erklären ihre Unabhängigkeit. Anders als bei den osteuropäischen Satellitenstaaten denkt Gorbatschow im eigenen Land zunächst nicht daran, das Selbstbestimmungsrecht anzuerkennen.

Doch er kann die Entwicklung nicht aufhalten: Nacheinander erklären alle nicht russischen Teilrepubliken der Sowjetunion ihre Unabhängigkeit. Elf von ihnen schließen sich am 21. Dezember 1990 zur *Gemeinschaft unabhängiger Staaten (GUS)* zusammen. Damit ist der kommunistische Machtblock im Osten des Kontinents endgültig auseinandergebrochen. Während Gorbatschow die Amtsgeschäfte an den russischen Präsidenten Boris Jelzin abtritt, wird die Flagge der UdSSR – Hammer und Sichel auf rotem Tuch – vom Dach des Moskauer Kreml eingeholt und die blau-weiß-rote Flagge Russlands aufgezogen: Eine Ära geht zu Ende.

Demonstration in Vilnius für die Unabhängigkeit Litauens | 1990

Die Auflösung des Warschauer Paktes

Unmittelbar nach dem Ende des Zweiten Weltkrieges zerbricht die Anti-Hitler-Koalition: Die USA und die Sowjetunion, die gemeinsam mit Großbritannien und Frankreich Deutschland besiegt und besetzt haben, teilen den Kontinent unter sich auf. Der *Eiserne Vorhang* zieht sich von der Ostsee bis zur Adria. Am 4. April 1949 gründen die USA, Kanada und zehn westeuropäische Länder zu Verteidigungszwecken die *NATO (Nordatlantische Vertragsunion)*. 1955 tritt die Bundesrepublik Deutschland dem Bündnis bei. Darauf reagiert die UdSSR mit der Gründung eines eigenen Militärpaktes. Die Staats- und Parteichefs von acht sozialistischen Staaten treffen sich in Warschau, wo sie am 14. Mai 1955 den *Warschauer Vertrag* unterzeichnen. Dem geteilten Deutschland kommt während des *Kalten Krieges* besondere Bedeutung zu: An der deutsch-deutschen Grenze stehen sich die feindlichen Militärblöcke unmittelbar gegenüber.

Verlassene Kaserne der Roten Armee in Drögen (Brandenburg)

Niederschlagung von Aufständen

Die Staaten des Ostblocks verpflichten sich im *Warschauer Pakt* zu gegenseitiger Unterstützung im Falle eines Angriffs auf einen oder mehrere Mitgliedsstaaten. Formal ist der Pakt wie die *NATO* ein Verteidigungsbündnis. Nach dem Ende des *Kalten Krieges* wird allerdings bekannt, dass es auch Pläne für einen Angriffskrieg mit Atomwaffen gegen die *NATO* in Westeuropa gegeben hat. Zudem schlagen unter Führung der Sowjetarmee Truppen des *Warschauer Paktes* 1956 in Ungarn und 1968 in der Tschechoslowakei Aufstände der einheimischen Bevölkerung nieder.

Selbstauflösung 1991

Im Zuge seiner Reformpolitik akzeptiert Michail Gorbatschow das Selbstbestimmungsrecht der sozialistischen Satellitenstaaten. Nach der Wiedererlangung ihrer Unabhängigkeit fordern die jungen Demokratien den Abzug der sowjetischen Streitkräfte aus ihren Ländern. Gorbatschow verlangt die Auflösung der *NATO*, kann sich damit aber nicht durchsetzen. Die militärischen Strukturen des Bündnisses werden am 31. März 1991 aufgelöst, der *Warschauer Pakt* selbst hört am 1. Juli 1991 auf zu existieren. 1994 verlassen die letzten auf dem Gebiet der untergegangenen DDR stationierten Sowjetsoldaten Deutschland.

Verladen eines Panzers beim Abzug der sowjetischen Truppen aus der DDR

SÜDAFRIKA

»Free Mandela« – Das Ende der Rassentrennung

Die Freilassung des berühmten schwarzen Freiheitskämpfers Nelson Mandela markiert für Südafrika 1990 den Aufbruch in eine bessere Zukunft. Viele Jahrzehnte lang stand das Land wegen seiner strengen Rassentrennung am Pranger der Weltgemeinschaft. Die Folgen der internationalen Isolierung, die Wirtschaftsprobleme und der hartnäckige Widerstand der schwarzen Freiheitsbewegung zwangen die weiße Führung, die Apartheid zu beenden.

ANC-Anhänger während der großen Parade in Kapstadt | 1990

Der Held kehrt zurück | Brütende Hitze liegt am Nachmittag des 11. Februar 1990 über der ganzen Kapregion, doch trotzdem sind Hunderttausende auf den Beinen. Sonne, Durst und Gedränge können die Menschen nicht davon abhalten, vor die Tore des Victor-Verster-Gefängnisses von Paarl nahe Kapstadt zu strömen, um einen Blick auf jenen Mann zu werfen, der während seiner 27-jährigen Haftzeit für sie alle zum Mythos geworden ist. Als sich an diesem Sonntagnachmittag gegen 16 Uhr die Gefängnistore öffnen und Nelson Mandela an der Seite seiner Frau Winnie auf die Straße tritt, kennt der Jubel keine Grenzen. »Ganz plötzlich fassten wir uns alle an den Händen – die Polizei, die Genossen, die Gefängniswärter. Und wir weinten, während Mandela auf uns zuschritt. Es war ein unglaublicher Moment«, erinnert sich die Anti-Apartheid-Aktivistin Cheryl Carolus später an jenen denkwürdigen Tag.

Südafrikaner bejubeln die Freilassung Mandelas. | 1990

»Unser Marsch zur Freiheit ist unumkehrbar.«

NELSON MANDELA, 11. FEBRUAR 1990

Die Flagge des ANC

»Bescheidener Diener des Volkes« | Die Weltöffentlichkeit sieht in diesem Augenblick einen schlanken, grau melierten Herrn im Anzug vor die Kameras treten, ein Lächeln auf den Lippen und die Hand zur Faust gereckt. Im Triumph fährt der einstige Staatsgefangene Nr. 1 die menschengesäumten Straßen nach Kapstadt, um dort vom Balkon des Rathauses herab seine erste Ansprache ans Volk zu richten: *»Freunde, Kameraden und südafrikanische Landsleute. Ich grüße euch alle im Namen von Frieden, Demokratie und Freiheit für alle. Ich stehe hier vor euch nicht als Prophet, sondern als euer bescheidener Diener, als Diener des Volkes. Eure unermüdlichen und heroischen Opfer haben es möglich gemacht, dass ich heute hier bin. Deshalb lege ich die verbleibenden Jahre meines Lebens in eure Hände.«*

Nelson Mandela, die Symbolfigur der Befreiungsbewegung *Afrikanischer Nationalkongress (ANC)*, hält Wort: Sein Leben in Freiheit widmet der 71-Jährige ganz dem Aufbau der Demokratie in Südafrika, die allen Bewohnern, gleich welcher Hautfarbe, die Aussicht auf Wohlstand, Bildung und politische Teilhabe eröffnen soll.

Nelson Mandela spricht zu seinen Anhängern. | 1990

Das Unrechtsregime | Für die schwarzen Südafrikaner verbindet sich mit der Freilassung Mandelas die Hoffnung auf ein Ende der jahrzehntelangen Unterdrückung durch die weiße Bevölkerungsminderheit. Seit dem Wahlsieg der Buren und ihrer *Nationalen Partei (NP)* 1948 hatte sich ein strenges System der Rassentrennung durchgesetzt, das den Weißen alle Vorrechte sowie die politische Macht im Land gab. Ein Gesetz zur Registrierung der Bevölkerung aus dem Jahr 1950 bestimmte, dass jeder Südafrikaner von den Behörden einer von vier Rassen zugeteilt werden musste. Anhand von körperlichen Merkmalen unterschied man zwischen Weißen und »Nicht-Weißen«, also Schwarzen, Farbigen und Asiaten. Die jeweilige Rassenzugehörigkeit, die über die politische, wirtschaftliche und soziale Stellung eines Menschen entschied, wurde in die Ausweisdokumente eingetragen. Eine Flut von Gesetzen und Verordnungen regelte bis in die Privatsphäre hinein die Trennung der Rassen.

Buren

1652 Gründung einer Niederlassung der *Niederländischen Ostindien-Kompanie* in Südafrika. Zuwanderer vor allem aus Holland sowie Frankreich und Deutschland entwickeln eine eigene Sprache (*»Afrikaans«*). Man nennt sie *»Buren«* (Bauern), weil sie Landwirtschaft betrieben.

Townships und Reservate | So durften alle *»Nicht-Weißen«* nur an ausgewiesenen Orten wohnen: in den überfüllten sogenannten Townships am Rand der Städte oder in den Reservaten auf dem Land, den Homelands. Schätzungsweise 3,5 Millionen Menschen mussten deshalb während der Apartheidjahre ihre angestammten Wohngebiete verlassen. Farbige Kinder hatten auf gesonderte

Township für Schwarze, Kapstadt

Schulen zu gehen. Höhere Bildungsabschlüsse blieben ihnen verwehrt. Um die politische Macht ausschließlich der weißen Elite zu garantieren, wurden alle *»Nicht-Weißen«* zudem vom Wahlrecht ausgeschlossen.

Apartheid

Der aus dem *»Afrikaans«* stammende Begriff bedeutet *»Gesondertheit«*. Bezeichnung für eine Politik, in der die verschiedenen Bevölkerungsgruppen strikt voneinander getrennt werden.

Bürger zweiter Klasse | Jeder Schwarze oder Farbige erfuhr im Alltag auf Schritt und Tritt, dass er nur ein Bürger zweiter Klasse war: Es gab für Schwarze und Weiße getrennte Restaurants, getrennte Toilettenanlagen, getrennte Badestrände und getrennt ausgewiesene Parkbänke. Selbst die Partnerwahl war nicht frei, denn Mischehen und sexuelle Beziehungen zwischen den Rassen galten als strafbar. So konnte sich zu keinem Zeitpunkt ein Gemeinschaftsgefühl zwischen den in Armut lebenden Schwarzen und den in allen Bereichen bevorrechtigten Weißen entwickeln.

Gegen diese Art der Rassendiskriminierung begann sich allerdings schon früh Widerstand zu regen. Unter Führung des *ANC* protestierten die benachteiligten Menschen. Die zunächst friedlichen Aktionen, die sich unter anderem gegen die Passgesetze richteten, führten in den 1960er-Jahren angesichts der Unnachgiebigkeit der weißen Regierung zu gewalttätigen Ausschreitungen.

Unruhen in Soweto | 1977

Schwarze brechen bewusst das Gesetz und fahren im Eisenbahnabteil für Weiße. | 1952

Im Widerstand: Nelson Mandela | Der 1918 in der Transkei im Südosten des Landes geborene Nelson Mandela widmet sein Leben schon früh dem politischen Kampf. Als junger Mann tritt er in den *ANC* ein und gründet dort mit Gefährten die Jugendliga. Er studiert in Johannesburg Jura und eröffnet nach Abschluss seines Studiums eine Anwaltskanzlei. Bekannt wird der junge Rechtsanwalt, als er 1952 den gewaltfreien Widerstand gegen die Apartheidgesetze organisiert. Die Menschen sollen die diskriminierenden Gesetze bewusst brechen und dafür die Verhaftung in Kauf nehmen. Schwarze besetzen für Weiße reservierte Eisenbahnwaggons, betreten öffentliche Gebäude durch den falschen Eingang oder stellen sich an Schaltern für Weiße an.

Afrikanischer Nationalkongress (ANC)

1912 gegründet aus Protest gegen die Unterdrückungspolitik der Südafrikanischen Union. Nach seinem Verbot werden viele ANC-Führer verhaftet oder gehen ins Exil. Erst 1990 wird der ANC wieder gesetzlich erlaubt. Seit 1994 ist er Regierungspartei.

Mandela arbeitet mit an der Freiheitscharta des *ANC*. Nach dem Verbot der Organisation muss er in den Untergrund abtauchen und gründet den bewaffneten Flügel des *ANC*, den *Umkhonto We Sizwe* (Speer der Nation). Wegen Sabotageakten gegen Passämter, Stromleitungen und Telefonkabel wird Mandela 1964 zu lebenslanger Haft verurteilt. *»Ich war 46 Jahre alt, ein zu lebenslänglicher Haft verurteilter politischer Gefangener; und dieser kleine, enge Raum sollte mein Heim sein – für wie lange, wusste ich nicht«*, beschreibt er seine nahezu aussichtslose Situation angesichts seiner winzigen Häftlingszelle auf der berüchtigten vor Kapstadt liegenden Gefängnisinsel Robben Island.

Frederik Willem de Klerk

Der südafrikanische Staatspräsident Frederik Willem de Klerk leitet für viele überraschend das Ende des Apartheidsystems ein. Doch es ist weniger Menschenfreundlichkeit als die Einsicht in die krisenhafte Situation des Landes, die ihn dazu bringt, diese Kehrtwende zu vollziehen.

Befürworter der Apartheid

Der 1936 in Johannesburg geborene de Klerk entstammt einer angesehenen und seit Generationen politisch aktiven burischen Familie. 1978 holt ihn Premierminister Vorster ins Kabinett, wo er wichtige Ministerposten bekleidet. Er gilt als ausgesprochener Verfechter des Apartheidsystems. Umso überraschter ist die Öffentlichkeit, als er nach seiner Wahl zum Staatspräsidenten auf einen grundlegenden Wandel drängt. »Ich weihte nicht einmal meine Frau Marike ein«, sagt Frederik Willem de Klerk später über seine Rede zur Parlamentseröffnung 1990, in der er überraschend die Wiederzulassung des ANC und die Freilassung Mandelas ankündigte.

Die politische Großwetterlage

Die Wirtschaft des Landes liegt wegen der internationalen Isolierung darnieder. Der für Südafrika als Exporteur von Münzen bedeutende Goldpreis hat einen Tiefstand erreicht und die Kosten für den überdimensionierten Sicherheitsapparat steigen ins Unbezahlbare. Nicht zuletzt ist es das Ende des *Kalten Krieges,* das einen politischen Kurswechsel in Südafrika begünstigt. Lange fürchten die Weißen einen sozialistischen Umsturz durch die Schwarzen und verdächtigen den ANC kommunistischer Umtriebe. Diese Furcht erledigt sich mit dem Ende des Kommunismus in der Sowjetunion. Die USA und die Sowjetunion bemühen sich nun gemeinsam, den Krisenherd an Afrikas Südspitze zu entschärfen. De Klerk kann sich nicht dagegenstemmen.

»Gorbatschow Afrikas«

Für seine Bemühungen um ein Ende der Apartheid bekommt de Klerk gemeinsam mit Nelson Mandela 1993 den Friedensnobelpreis verliehen. Nach den Wahlen von 1994 hat er in der Regierung der nationalen Einheit zwar noch das Amt des Vizepräsidenten, doch verlässt seine Partei zwei Jahre später den Kabinettstisch. Nach erheblichen Wahlverlusten legt de Klerk 1997 den Parteivorsitz der *Nationalen Partei* schließlich nieder und zieht sich ganz aus der Politik zurück. Als *»Gorbatschow Afrikas«* bleibt er seinen Landsleuten in Erinnerung.

Südafrika in der Klemme | In der Zwischenzeit gerät das Apartheidregime unter internationalen Druck. Die Weltöffentlichkeit reagiert empört auf das System der strikten Rassentrennung, setzt internationale Sanktionen wie Handels- und Rüstungsbeschränkungen durch und fordert die sofortige Freilassung Mandelas. In den schwarzen Townships gärt es. Boykotte, Streiks und blutige Auseinandersetzungen prägen den Alltag. Der Premierminister und spätere Staatspräsident Pieter Willem Botha sieht sich genötigt, einige Kurskorrekturen am System vorzunehmen, spaltet damit aber nur seine eigene Partei. 1985 macht Botha dem »berühmtesten Gefangenen der Welt« das Angebot zur Freilassung, doch Mandela lehnt den damit verbundenen Gewaltverzicht ab. Im Hintergrund nehmen zwischenzeitlich Vertreter des ANC und der Regierung erste Verhandlungen auf.

Aufruf zum Boykott südafrikanischer Orangen in Paris

Eine folgenreiche Rede | Frischen Wind in die verhärteten Fronten bringt erst der neue Staatspräsident Frederik Willem de Klerk. In seiner Rede zur Parlamentseröffnung am 2. Februar 1990 kündigt er zur allgemeinen Überraschung eine radikale Kehrtwende in der Innenpolitik an: »*Die Zeit für Gewalttätigkeit ist vorüber, die Zeit für Wiederaufbau und Versöhnung ist gekommen.*« De Klerk verspricht, den ANC und andere oppositionelle Gruppen wieder zuzulassen, die seit mehreren Jahren geltenden Notstandsgesetze aufzuheben und Nelson Mandela ohne Vorbedingungen auf freien Fuß zu setzen. Tatsächlich kann Mandela wenige Tage später seinen letzten Gefängnisort in Paarl verlassen und in Verhandlungen mit der Regierung eintreten. De Klerk hebt Schritt für Schritt die wichtigsten Apartheidgesetze auf, sodass die Rassentrennung grundsätzlich beendet ist.

Anti-Apartheid-Demonstration in Toronto, Kanada | 1986

Forderung zur Freilassung Mandelas

Mandela und de Klerk bei der Verleihung des Friedensnobelpreises in Oslo | 1993

Trotzdem gestaltet sich der Weg in eine neue Zeit schwierig: Weiße Extremisten hetzen gegen die Regierung de Klerks, während unter der schwarzen Bevölkerung schwere Machtkämpfe toben. Es kommt zu blutigen Kämpfen und dem Kapland droht der Bürgerkrieg. Nach langen, zähen Verhandlungen tritt 1993 endlich eine Übergangsverfassung in Kraft, die freie Wahlen vorsieht. In dem neuen Kabinett der nationalen Einheit sollen alle Parteien mit mehr als fünf Prozent Stimmenanteil vertreten sein.

Wie verliebt sein | Vom 26. bis zum 28. April 1994 finden die ersten freien Wahlen in Südafrika statt. De Klerk und Mandela wurden vorher für ihre Bemühungen um ein friedliches Ende der Apartheid mit dem Friedensnobelpreis geehrt. Mit welchem Triumphgefühl die lange benachteiligten Schwarzen und Farbigen zur Wahlurne gehen, bringt Erzbischof Tutu auf den Punkt: »*Der Moment, auf den ich so lange gewartet hatte, kam, und ich faltete meinen Stimmzettel und gab meine Stimme ab. Wow!, rief ich, Jippie! Ich war außer mir vor Freude. Es war wie verliebt sein. Der Himmel sah blau und schöner aus.*«

Vor den Wahllokalen warten Menschen aller Hautfarben friedlich neben- und hintereinander, alle bereit für den großen Akt der Stimmabgabe. Wahlsieger wird – wie nicht anders zu erwarten – der ANC, der 62,6 Prozent der Stimmen erhält und damit den Präsidenten und Regierungschef stellt. Der erste Mann im Staat heißt von nun an Nelson Mandela. Das gilt vielen als Garantie dafür, dass der Weg in die Zukunft trotz aller Schwierigkeiten gelingen wird. Die Stimmung bei Mandelas Amtseinführung am 10. Mai ist daher ausgelassen und fröhlich. Tausende tanzen auf den Straßen, singen die Nationalhymne und schwenken voll Stolz die neue Staatsflagge.

Feier zur Amtseinführung Mandelas | 1994

Der 1931 geborene Tutu arbeitet zunächst als Lehrer, bevor er aus Protest gegen die Benachteiligung schwarzer Kinder im Bildungswesen seinen Beruf aufgibt und 1960 zum anglikanischen Priester geweiht wird. Nach seinem Theologiestudium in London rückt er in der südafrikanischen Kirche rasch zu hohen Ämtern auf. 1976 wird er Bischof von Lesotho, zwei Jahre später Generalsekretär des *Südafrikanischen Kirchenrates,* einer wichtigen Institution im Kampf gegen die Apartheid. Tutu versucht, mit Vorträgen und Reisen die Weltöffentlichkeit gegen das Unrechtsregime in Südafrika zu mobilisieren, obwohl ihn die Regierung daran zu hindern sucht. Für sein Engagement erhält er 1984 den Friedensnobelpreis. Im Jahr darauf wird er zum Bischof von Johannesburg geweiht, zwei Jahre später wird er Erzbischof von Kapstadt und bekleidet damit als erster Schwarzafrikaner das höchste Amt der anglikanischen Kirche in Südafrika. Als hoher Kirchenmann bemüht er sich weiterhin unermüdlich um ein gewaltloses Ende der Rassentrennung.

Auf den Spuren der Vergangenheit

Nach dem Ende des Apartheidregimes leitet Tutu die *Wahrheits- und Versöhnungskommission,* die Unrechtstaten während der Zeit der Apartheid aufklären soll. Die Kommission lädt Täter und Opfer zu einem Dialog ein, um die Verbrechen der Vergangenheit aufzuarbeiten. Dabei wird den Tätern, sofern sie freiwillig gestehen und ihre Taten als politisch motiviert nachweisen, Straffreiheit zugesichert. Glaubwürdigkeit erwirbt sich der Untersuchungsausschuss dadurch, dass er auch Übergriffe von ANC-Mitgliedern auf Weiße und Gräueltaten von Schwarzen untereinander zur Sprache bringt.

Entsetzen und Scham

Viele Südafrikaner – Schwarze wie Weiße – zeigen sich entsetzt über das Ausmaß an Brutalität, das ihnen die öffentlichen Anhörungen offenbaren. Viele Angehörige erfahren erst zu diesem Zeitpunkt, was aus ihren vermissten Familienmitgliedern geworden ist. Die Straffreiheit der Täter gerät dabei immer stärker in die Kritik. Doch Tutu hofft, mit der schonungslosen Offenlegung den Grundstein zur Aussöhnung zu legen. »*Ich wäre kein Priester, wenn ich den Glauben an die Möglichkeit des Wandels aufgegeben hätte*«, bekennt Tutu. »*Wo Scham ist, da ist auch Hoffnung.*« Heute setzt sich der Kirchenmann für verschiedene Hilfsorganisationen ein und arbeitet aktiv an der Bekämpfung des Aidsproblems mit. Weltweit achtet man ihn als das »*moralische Gewissen Südafrikas*«.

1931 Geburt in Klerksdorp, Südafrika

1951–1953 Lehrerausbildung

1962–1966 Theologiestudium in London

1975 Dekan in Johannesburg

1976 Bischof von Lesotho

1978 Generalsekretär des South African Council of Churches

1984 Friedensnobelpreis

1985/86 Bischof von Johannesburg

1986–1996 Erzbischof von Kapstadt

1995 Vorsitzender der Wahrheits- und Versöhnungskommission

»Wir, das Volk Südafrikas, erklären für unser Land und die Welt: dass Südafrika all denen gehört, die darin leben, Schwarzen und Weißen, und dass keine Regierung gerechterweise Autorität für sich in Anspruch nehmen kann, die nicht auf dem Willen des ganzen Volkes beruht.«

AUS DER FREIHEITSCHARTA DES ANC VON 1955

Arbeitslose vor dem Arbeitsamt, Johannesburg | 1994

Eine schwierige Zukunft | Ein Berg von Problemen erwartet die neue Regierung in den kommenden Jahren. Bittere Armut, katastrophale Wohnverhältnisse, Arbeitslosigkeit und ein marodes Gesundheits- und Bildungswesen lassen sich nicht über Nacht beseitigen. Das Wahlkampfmotto des *ANC* – *»ein besseres Leben für alle«* – harrt erst noch seiner Erfüllung. Zwar gelingt es der Regierung, die wirtschaftliche Talfahrt zu beenden, doch viele Schwarze sind arbeitslos oder müssen sich mit schlecht bezahlten Gelegenheitsjobs über Wasser halten. In den Townships entladen sich enttäuschte Hoffnungen in einer anhaltend hohen Kriminalitätsrate. Zu den größten Herausforderungen zählt das Aidsproblem. Rund ein Fünftel der sexuell aktiven Bevölkerung hat sich mit dem HI-Virus infiziert, mehr als fünf Millionen Menschen. Eine Ansteckung kommt in der Regel einem Todesurteil gleich, weil Medikamente für die armen Bevölkerungsschichten unbezahlbar sind. In vielen Familien sterben Mutter und Vater an der Immunschwächekrankheit, deshalb müssen Großmütter die Waisen aufziehen. Oft sind sogar die Kinder krank, die meisten von ihnen erleben dann den fünften Geburtstag nicht. Die Folgen sind drastisch: Die durchschnittliche Lebenserwartung sinkt um etwa 20 Jahre. Lange vernachlässigt die Regierung das Problem, erst als 2005 Mandelas eigener Sohn an der Immunschwächekrankheit stirbt, ergreift die Regierung Maßnahmen gegen Aids.

Schwieriges Zusammenwachsen | Das Zusammenwachsen zu einer Nation erweist sich unter diesen Umständen als äußerst schwierig. Nicht nur der wachsende Abstand zwischen Arm und Reich verhindert ein wirkliches Zusammengehörigkeitsgefühl unter den Südafrikanern, auch die von Desmond Tutu geleitete *Wahrheitskommission,* die die Gräueltaten während der Apartheidjahre ans Licht bringt, hinterlässt eine schockierte Öffentlichkeit.

Der Weg zu einer versöhnten, bunt gemixten Regenbogennation, in der jeder seinen Platz findet, bleibt vorerst noch eine Vision. Während sich die demokratischen Strukturen mit der Verabschiedung einer neuen Verfassung 1996 verfestigen und der Machtwechsel von Mandela auf seinen Nachfolger Thabo Mbeki nach den zweiten, freien Wahlen von 1999 reibungslos vonstattengeht, verbessert sich das Leben der meisten schwarzen Südafrikaner nicht wesentlich. Doch das Land ist stolz auf seine »Revolution« und Mandela, der sich längst ins Privatleben zurückgezogen hat, ist auch Jahrzehnte nach seiner Freilassung noch die Ikone des vereinten Südafrika.

Sport als Brücke | Sport kann Barrieren zwischen Menschen überbrücken. Gerade in einer so von Gegensätzen geprägten Gesellschaft wie Südafrika spielt Sport deshalb eine große Rolle. In die Geschichte des Landes geht der Rugby-World-Cup ein, der 1995 in Südafrika ausgetragen wird. Rugby gilt als Sport der weißen Oberschicht und in der Nationalmannschaft, den *Springboks,* gibt es nur einen schwarzen Spieler. Doch Nelson Mandela hält die ganze Nation an, die *Springboks* zu unterstützen. Als das Team im Endspiel siegt, überreicht Mandela in einem *Springbok*-Trikot dem weißen Mannschaftskapitän den Pokal. Diese Geste wird als großer Schritt in Richtung Versöhnung zwischen der schwarzen und der weißen Bevölkerung Südafrikas betrachtet.

2010 schaut die ganze Welt nach Südafrika, denn zum ersten Mal in der Geschichte findet eine Fußballweltmeisterschaft auf dem afrikanischen Kontinent statt. Südafrika zeigt sich als ausgezeichneter Gastgeber, der für einen friedlichen und reibungslosen Ablauf der Spiele in lebensfroher Atmosphäre sorgt.

Fußballweltmeisterschaft | 2010

SLOWENIEN · KROATIEN · BOSNIEN UND HERZEGOWINA
SERBIEN · KOSOVO · MAZEDONIEN · MONTENEGRO

»Flucht und Vertreibung« – Der Jugoslawienkrieg

Mit dem Ende der kommunistischen Herrschaft brechen im Vielvölkerstaat Jugoslawien die lange unterdrückten Konflikte zwischen den verschiedenen Volksgruppen offen auf. Mit aller Macht streben Serben, Kroaten, Slowenen, Bosnier, Mazedonier, Montenegriner und Kosovo-Albaner nach einem jeweils eigenen Nationalstaat. Dies stürzt die gesamte Region in einen mit großer Grausamkeit geführten Krieg. Flucht und Vertreibung, Massenvergewaltigungen und Lagerhaft prägen die Auseinandersetzung zwischen den ehemals in einem Staat vereinten Völkern. Als Sinnbild dieses mörderischen Krieges gilt die Belagerung Sarajevos, wo die Zivilbevölkerung zur Zielscheibe von feindlichen Kugeln wird.

Eine Stadt im Belagerungszustand | Schüsse hallen durch die Straßen von Sarajevo. Nur noch rennend bewegen sich die Menschen fort. Immer wieder suchen sie hinter Mülltonnen und Zäunen Schutz vor den Heckenschützen, die sie von den umliegenden Bergen und Hochhäusern herab beschießen. Seit dem Frühjahr 1992 wird die Hauptstadt von Bosnien und Herzegowina durch serbische Einheiten belagert. In den Stadtvierteln tobt ein Kampf, bei dem jeder gegen jeden steht. Doch was am 5. Februar 1994 geschieht, übersteigt alle Vorstellungskraft: Zur Mittagszeit explodiert mitten auf dem belebten Marktplatz eine Granate und reißt 68 Personen in den Tod. Das Blut fließt die Bordsteine hinab, zerfetzte Kleidungsstücke und Körperteile liegen auf Straßen und Dächern. 200 Verwundete schreien verzweifelt um Hilfe. Es sind diese Bilder der Zerstörung und des blinden Hasses, die von Fernsehkameras übertragen um die ganze Welt gehen und die internationale Öffentlichkeit wachrütteln.

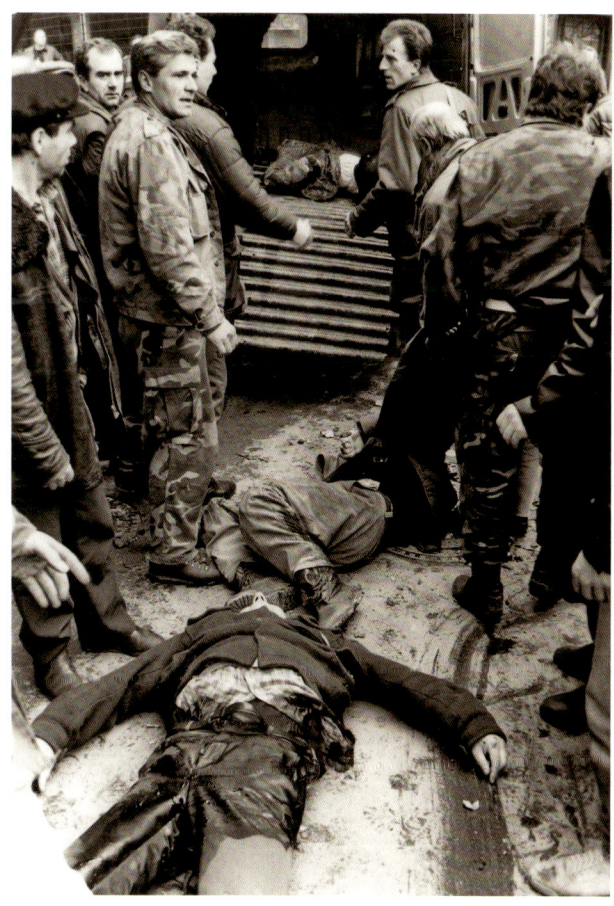

Opfer des Anschlags in Sarajevo | 1994

Obwohl nicht klar ist, wer die Granate abgefeuert hat, werden die Rufe nach einem militärischen Eingreifen der Staatengemeinschaft auf dem südosteuropäischen Kriegsschauplatz immer lauter. Das westliche Militärbündnis, die NATO, droht den Serben offen mit einem Militärschlag. Und es bleibt nicht bei der Drohung. Die NATO entschließt sich im Verlauf der nächsten Monate tatsächlich zur Bombardierung serbischer Stellungen aus der Luft. Es ist der erste Kampfeinsatz der NATO in ihrer Geschichte.

Kinder beim Brennholzholen

Bilder des Krieges | Die Welt blickt mit Entsetzen auf die Stadt im Herzen Bosniens. Dem Fernsehpublikum ist die Stadt als Austragungsort der Olympischen Winterspiele 1984 noch in guter Erinnerung. Weltoffen und tolerant hat sich die Metropole damals präsentiert. Sie galt als ein Ort des friedlichen Zusammenlebens von Menschen verschiedener Herkunft, Kulturen und Religionen. Und ausgerechnet hier spielt sich vor den Augen der internationalen Öffentlichkeit eine blutige Tragödie ab. Von April 1992 bis Februar 1996 wird die Stadt von serbischen Truppen belagert – 1425 lange Tage. Für die Bevölkerung ist diese Zeit eine einzige Mühsal. Lebensnotwendige Güter kommen nur noch über eine international organisierte Luftbrücke herein. 624 Gramm Nahrungsmittel stehen jedem Stadtbewohner täglich zur Verfügung, doch wenn bei schlechtem Wetter keine Flugzeuge kommen, gibt es nur 240 Gramm. So fehlt es nahezu an allem: an Essen, sauberem Wasser, Strom und Gas. *»Wir sind zu einem Experimentierfeld für die Frage geworden, was Menschen auszuhalten imstande sind«*, klagt die Familie Alicehajic einem Reporter in diesen schweren Tagen.

Zerfall eines Staates | Die Belagerung Sarajevos ist das Ergebnis der gravierenden Veränderungen, die der Vielvölkerstaat Jugoslawien nach dem Ende der kommunistischen Herrschaft durchmacht. Der Tod des autoritär regierenden

Einwohner Sarajevos rennen unter Beschuss durch die Straßen.

Staatspräsidenten Josip Broz Tito 1980, der das sozialistische Land 35 Jahre lang regiert hatte, lässt das lange unterdrückte Misstrauen unter den Balkanvölkern wieder aufflammen. Die von ihm verordnete, viel beschworene »*Brüderlichkeit und Einheit*« unter den verschiedenen Nationalitäten war nicht mehr als bloße Fassade.

Unter Tito gab es sechs Teilrepubliken im Staatsverband: Slowenien, Kroatien, Bosnien und Herzegowina, Serbien, Montenegro und Mazedonien sowie zwei autonome serbische Provinzen, Wojwodina und Kosovo. Sie alle genossen eine recht starke Stellung in der *Sozialistischen Föderativen Republik Jugoslawien*. Dies führte allerdings zu großen regionalen Unterschieden, denn wirtschaftlich und sozial entwickelten sich die Teilrepubliken immer weiter auseinander. In Slowenien lagen die Löhne dreimal so hoch wie im Kosovo, dem ärmsten Teil Jugoslawiens. Die reicheren Regionen wie Slowenien und das vom Tourismus profitierende Kroatien drängten auf eine größere wirtschaftliche Öffnung des Landes, die ärmeren fürchteten diese.

Der im Ausland hoch verschuldete Gesamtstaat schlitterte zunehmend in die Krise, Arbeitslosigkeit und hohe Inflation prägten das Leben. Hatte die überragende Persönlichkeit Titos diese Brüche noch kitten können, brachen die Streitigkeiten nach seinem Tod offen aus. Alle Nationalitäten fühlten sich im Gesamtstaat unzufrieden und benachteiligt. In den Teilrepubliken erstarkten die nationalen Bewegungen.

Staatspräsident Josip Broz Tito

Eine Passantin und ein UN-Soldat leisten Erste Hilfe.

Serben singen ihre Nationalhymne im von Slawen bewohnten Stadtteil Priština. | 1988

Milosevic spricht zu seinen Anhängern

Serbischer Nationalismus | Die auch unter den Serben weit verbreitete Unzufriedenheit weiß der Politiker und Kommunist Slobodan Milosevic für seine Zwecke zu nutzen. Er bedient sich des serbischen Nationalgefühls, indem er seinen Landsleuten eine führende Stellung innerhalb des jugoslawischen Staatsverbandes verspricht. Schließlich siedeln die Serben nicht nur in der Teilrepublik Serbien, sondern auch in Kroatien, Bosnien-Herzegowina und im Kosovo, zum Teil in geschlossenen Siedlungsräumen. Systematisch schürt Milosevic die Ängste der Serben. Die ihm ergebenen Medien, aber auch ihm zugeneigte Wissenschaftler und Intellektuelle berichten ein ums andere Mal über die Benachteiligung und Unterdrückung der Serben durch die anderen Bevölkerungsgruppen. Mit organisierten Massendemonstrationen geben Milosevics Anhänger ihrem Streben nach nationaler Größe Ausdruck. Dabei rückt die Forderung nach einem engeren Anschluss der beiden autonomen Provinzen Wojwodina und Kosovo an Serbien immer mehr in den Vordergrund.

Von einer Welle der Zustimmung getragen, gelangt Milosevic 1989 ins Amt des serbischen Präsidenten. Sofort hebt er die Autonomie der beiden Provinzen auf, was im Kosovo schwere Unruhen auslöst. Von entscheidender Bedeutung ist aber, dass Serbien mit dem Anschluss der Provinzen im jugoslawischen Staatspräsidium genauso viele Stimmen aufbringt wie die anderen Teilrepubliken zusammen und damit alle Beschlüsse auf Bundesebene blockieren kann. Dies wollen die anderen Nationalitäten jedoch nicht hinnehmen. Der Zerfall Jugoslawiens beschleunigt sich. 1991 erklären sich Slowenien, Kroatien und

Mazedonien für unabhängig, 1992 folgt Bosnien und Herzegowina. »Rest-Jugoslawien« besteht nun nur noch aus Serbien und Montenegro und nennt sich von 1992 bis 2003 *Bundesrepublik Jugoslawien.*

Der Weg in den Krieg | Mit der Anerkennung der neuen Balkanstaaten durch die internationale Staatengemeinschaft ist der Zerfall Jugoslawiens in seiner alten Form besiegelt. Sofort beginnt der Krieg an den Grenzen. Die *Jugoslawische Volksarmee* dringt in Slowenien und Kroatien ein, um die abtrünnigen Republiken wieder in den gemeinsamen Staatsverband zu drängen. Während die Kampfhandlungen in Slowenien, wo nur wenige Serben leben, auf Vermittlung der *Europäischen Gemeinschaft (EG),* der Vorläuferin der EU, schon nach zehn Tagen zu Ende sind, gestalten sich die Ereignisse in Kroatien dramatischer. Hier rufen die auf kroatischem Boden siedelnden Serben einen eigenen Staat aus. Diese *Republik Krajina* kann sich auf die Hilfe der *Jugoslawischen Volksarmee* stützen. Serbische Truppen kontrollieren bald ein Drittel des kroatischen Gebietes. Die *Vereinten Nationen (UN)* entsenden Friedenstruppen

Aufruhr der muslimischen Bevölkerungsmehrheit im Kosovo | 1991

Vukovar nach der Einnahme durch serbische Truppen | 1991

Demonstration gegen die Rückkehr Vukovars zu Kroatien | 1997

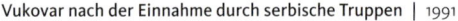

und vermitteln einen Waffenstillstand. Doch die Kämpfe flammen immer wieder auf. Mit einer Gegenoffensive erobert Kroatien 1995 schließlich die Krajina wieder zurück. Die Kriegshandlungen gehen jeweils mit der Ermordung oder Vertreibung der Zivilbevölkerung in den besetzten Gebieten einher. Fliehen zuerst rund 220 000 Kroaten aus den von den Serben beanspruchten Landstrichen, flüchten 1995 zwischen 150 000 und 400 000 Serben ihrerseits außer Landes, da ihre verlorene *Republik Krajina* in Kroatien aufgegangen war.

Vereinte Nationen (UN)
Internationaler Zusammenschluss von 192 Staaten zur Sicherung des Weltfriedens und zum Schutz der Menschenrechte. Die 1945 gegründete Organisation mit Sitz in New York vermittelt bei Konflikten und kann Friedensstörer mithilfe von Wirtschaftssanktionen oder mit militärischer Gewalt zum Einlenken bewegen. Sie darf Soldaten ihrer Mitgliedsstaaten als Friedenstruppen in Krisengebiete schicken, sogenannte *»Blauhelmsoldaten«*.

Konfliktherd Bosnien | Zu einem besonderen Konfliktfall entwickelt sich Bosnien. Hier leben die verschiedenen Bevölkerungsgruppen besonders dicht aufeinander. Kroaten, Serben und Muslime besiedeln seit Jahrhunderten dieselben Gebiete. Vor allem in größeren Städten wie Sarajevo ist eine bunte Mischbevölkerung entstanden. Das überwiegend friedliche Miteinander endet mit dem drohenden Zerfall Jugoslawiens. Während die bosnischen Serben auf einen Anschluss an Serbien hoffen, setzen die bosnischen Kroaten auf ein enges Zusammengehen mit der neuen Republik Kroatien. Die bosnischen Muslime, die immerhin 43,5 Prozent der Bevölkerung ausmachen, streben nach einem eigenen Staat. Das Zerwürfnis endet mit der Ausrufung neuer Staaten: Bei einer von der serbischen Volksgruppe boykottierten Volksbefragung im Frühjahr 1992 entscheidet sich die Mehrheit der Wahlberechtig-

»Wir werden nicht in einem Staat leben, der getrennt von Serbien ist. (...) Wer dies fordert, will den Krieg.«

RADOVAN KARADZIC, 1992

ten für einen unabhängigen Staat Bosnien und Herzegowina. Er findet am 6. April 1992 internationale Anerkennung. Die Serben gründen jedoch eine eigene *Serbische Republik* und ein Teil der nationalistisch eingestellten Kroaten ruft das autonome Gebiet *Herceg Bosna* aus. Damit beginnt in Bosnien ein Kampf aller Volksgruppen untereinander. Dabei haben die bosnischen Serben unter der politischen und militärischen Führung des ehemaligen Psychiaters Radovan Karadzic, der von Milosevic massiv unterstützt wird, viele Vorteile auf ihrer Seite. Denn die *Jugoslawische Volksarmee* sowie aus Serbien kommende Partisanen kämpfen an ihrer Seite. Mit ihrer überlegenen Ausrüstung gelingt ihnen ein rascher Vorstoß in Bosnien. Sarajevo wird eingekreist, Karadzic richtet in Pale nahe der bosnischen Hauptstadt sein Hauptquartier ein. Aber auch die Kroaten erhalten Unterstützung aus ihrem »Mutterland«, der Republik Kroatien. Die muslimischen Bosnier bekommen mit einiger Verzögerung Hilfe aus den arabischen Staaten.

Symbol des Bürgerkriegs: die zerstörte Brücke zwischen dem kroatischen und dem bosnischen Teil der Stadt Mostar | 1993

Monika Hauser

Zum Kriegsalltag in Bosnien und im Kosovo gehört der planmäßige Terror gegen die Zivilbevölkerung. Die Gewalt richtet sich dabei gezielt auch gegen Frauen und Mädchen, die durch Vergewaltigungen gedemütigt und psychologisch gebrochen werden sollen. Es kommt zu Massenvergewaltigungen, denen allein in Bosnien schätzungsweise 30 000 bis 50 000 Frauen zum Opfer fallen.

Berührt vom Leid der anderen

Die Kölner Ärztin Monika Hauser liest im Spätherbst 1992 einen Medienbericht über die Vergewaltigungen in Bosnien. Sie ist entsetzt über die drastische Sprache des Artikels und die veröffentlichten Details. *»Ich habe diesen Bericht gelesen und war wütend. Mit keinem Wort ging es um die Frauen selbst«*, sagt die Ärztin. Aus ihrer eigenen Erfahrung als Assistenzärztin in einer Frauenklinik in Nordrhein-Westfalen weiß Monika Hauser, dass mit traumatisierten Frauen oft sehr unsensibel umgegangen wird. Sofort steht für sie fest: Sie will den bosnischen Frauen helfen.

Aktive Hilfe

Noch im Winter 1992 macht sie sich auf den Weg ins Kriegsgebiet, um die Lage vor Ort zu erkunden. Sie beschließt, in der zentralbosnischen Stadt Zenica, in der sich zu dieser Zeit etwa 120 000 Flüchtlinge aufhalten, ein Zentrum für vergewaltigte Frauen einzurichten. Zurück in Deutschland sammelt die Ärztin Spendengelder und kauft die nötige Einrichtung für ihr Projekt. Tatsächlich gelingt es ihr, das benötigte Material mitten ins Kriegsgebiet zu transportieren. Im Frühjahr 1993 eröffnet Monika Hauser ihr Therapiezentrum *Medica Zenica,* in dem es einen Operationssaal, ambulante Behandlungsräume, Schlafräume für Patientinnen und eine Apotheke gibt. Einheimische Ärztinnen, Psychologinnen, Psychiaterinnen und Krankenschwestern unterstützen sie.

Freundinnen Monika Hausers haben in der Zwischenzeit in Köln den Frauenhilfs- und Menschenrechtsverein *medica mondial* gegründet. Nicht nur Frauen in Bosnien soll geholfen werden, sondern überall auf der Welt. Gleichzeitig soll die westliche Öffentlichkeit für das Schicksal kriegstraumatisierter Frauen sensibilisiert werden. Der Verein, dessen Geschäftsführung Monika Hauser im Jahr 2000 übernimmt, engagiert sich heute in vielen Krisengebieten. Therapiezentren entstehen im Kosovo, in Albanien, in Afghanistan und in Liberia; auch im Sudan, in Uganda und dem Kongo sind Helfer im Einsatz. Für ihre Arbeit wird Monika Hauser vielfach ausgezeichnet, zuletzt 2008 mit dem Alternativen Nobelpreis.

Aus dem bosnischen Srebrenica geflohene Frauen und Mädchen | 1995

Ethnische Säuberungen | Mit großer Erbitterung kämpfen alle Seiten um ihre Ziele. Dabei streben die Kriegsparteien danach, große zusammenhängende Siedlungsgebiete für die eigene Bevölkerungsgruppe zu sichern und dort lebende Minderheiten zu vertreiben. Diese systematische Politik der Vertreibung ist unter dem Schlagwort »ethnische Säuberungen« bekannt geworden. Innerhalb weniger Monate machen sich in Bosnien und Herzegowina mehr als 2,2 Millionen Menschen auf die Flucht. Da zunächst die Serben militärisch überlegen sind und rund zwei Drittel des bosnischen Staatsgebietes kontrollieren, ist vor allem der nicht serbische Bevölkerungsteil Opfer der Vertreibungsstrategie. Dabei kommt es auch zu schrecklichen Gewaltexzessen gegenüber der Zivilbevölkerung. Massenerschießungen, Deportationen und Vergewaltigungen gehören zum Kriegsalltag. Im ostbosnischen Srebrenica werden im Juli 1995 rund 8000 muslimische Bosnier von serbischen Truppen ermordet und in Massengräbern verscharrt. Die Tat bleibt kein Einzelfall. Auch in anderen Orten kommt es zu Massenmorden. Vor allem die Frauen haben unter der Willkür der völlig enthemmten Soldaten zu leiden. Einige Zehntausend bosnische Frauen und Mädchen werden vergewaltigt, in Bordelle gesteckt und oft monatelang missbraucht. Berüchtigt sind auch die Gefangenenlager, die alle Kriegsparteien unterhalten. Manche Gefangene sind bis aufs Skelett abgemagert und sehen dem Tod entgegen.

Serbisches Gefangenenlager

Radovan Karadzic

Im Frühsommer 1995 ist die Lage in der von Flüchtlingen überfüllten ostbosnischen Stadt Srebrenica katastrophal. Serbische Einheiten kontrollieren seit 1992 das ganze Umland. Daher gibt es kaum Trinkwasser und Strom, Medikamente oder Nahrungsmittel. Daran kann auch der Status Srebrenicas als Schutzzone der UN nichts ändern.

Die Serben überwachen die Zufahrt zur Stadt, halten die UN-Hilfskonvois auf und behindern die Blauhelmsoldaten, die zum Schutz der Zivilbevölkerung dort stationiert sind. Die knapp 450 niederländischen *UNPROFOR*-Soldaten, die keinen Kampfauftrag besitzen, sind bei der Organisation von Material- und Lebensmittelnachschub auf die Zusammenarbeit mit den serbischen Armee-Einheiten angewiesen.

Geplanter Massenmord

Der Präsident der *Serbischen Republik* in Bosnien, Radovan Karadzic, erlässt im März eine Anweisung an die bosnisch-serbische Armee unter ihrem Anführer Ratko Mladic, »*ein Klima der totalen Unsicherheit und eine unerträgliche Situation*« für Srebrenica zu schaffen, »*ohne Hoffnung auf Überleben für die Bevölkerung*«. Anfang Juli startet Mladic einen gut geplanten Angriff auf die Schutzzone Srebrenica, der auf keinen Widerstand stößt. Mit der Drohung, gefangen genommene *UNPROFOR*-Soldaten zu ermorden, hält Mladic die NATO von Luftschlägen ab. Allein gelassen, müssen die niederländischen Blauhelmsoldaten Srebrenica am 11. Juli 1995 den bosnischen Serben überlassen. Was nun folgt, ist das schlimmste Kriegsverbrechen in Europa seit dem Zweiten Weltkrieg: Systematisch sondern serbische Militärs etwa 8000 bosnische Jungen und Männer von ihren Familien ab. Sie werden erst in einem Zwischenlager inhaftiert, dann mit Bussen an entlegene Orte transportiert und dort erschossen. In Massengräbern werden die Leichen anschließend verscharrt.

Der *Internationale Strafgerichtshof für das ehemalige Jugoslawien* in Den Haag versucht seit 1993 den Massenmord, der als Völkermord anerkannt wird, juristisch aufzuarbeiten. Hochrangige Kommandeure der serbischen Einheiten werden zu lebenslangen oder sehr langjährigen Haftstrafen verurteilt. Radovan Karadzic muss sich seit Herbst 2009 vor dem Tribunal verantworten. Der Befehlshaber Mladic ist bis heute flüchtig.

UN-Soldaten versorgen Flüchtlinge aus Srebrenica. | 1995

Ernstfall für die Bundeswehr

Am Abend des 24. März 1999 donnern vom italienischen Luftwaffenstützpunkt Piacenza aus Kampfflugzeuge in Richtung Jugoslawien. Mit der *Operation Allied Force* will die NATO den in der Kosovo-Frage unnachgiebigen Präsidenten Milosevic zum Einlenken zwingen. An der Spitze der Flugzeuggruppe fliegen deutsche Tornados, die das gegnerische Luftabwehrradar ausschalten sollen. Für die deutsche Öffentlichkeit ist dies völlig neu: Bislang hat man die Aufgabe der Bundeswehr nur in der Landesverteidigung gesehen, nicht im Eingreifen an einem fremden Krisenherd.

Protest gegen den Einsatz der Bundeswehr | 1999

Einsatz ohne UN-Mandat

Die Bundesbürger irritiert besonders, dass der Militärschlag ohne UN-Mandat erfolgt. Im *UN-Sicherheitsrat* war ein einheitliches Vorgehen am Widerstand Chinas und Russlands gescheitert. Doch angesichts der schweren Menschenrechtsverletzungen im Kosovo sieht die westliche Welt die Notwendigkeit, umgehend einzugreifen. Daher beschließen die NATO-Staaten unter Führung der USA, allein und ohne Billigung der UN auf dem Balkan militärisch vorzugehen.

Die rot-grüne Bundesregierung ist gerade erst ins Amt gewählt, als sie die Entscheidung für oder gegen den Kampfeinsatz treffen muss. Vor allem die Partei *Bündnis 90/Die Grünen* stellt die Frage vor eine Zerreißprobe. Denn sie lehnt grundsätzlich den Einsatz von Waffen ab. Umso stärker hebt Außenminister Joschka Fischer *(Bündnis 90/Die Grünen)* die moralischen Gründe für den Militärschlag hervor: Die Kosovo-Albaner sollen vor Vertreibung, Mord und Vergewaltigung geschützt werden. »*Nie wieder Krieg, nie wieder Auschwitz, nie wieder Völkermord, nie wieder Faschismus*«, ruft er seinen widerstrebenden Parteigenossen entgegen. Die Abgeordneten lassen sich schließlich überzeugen und stimmen dem Einsatz zu. »*Wir können uns der Verantwortung nicht entziehen*«, sagt Bundeskanzler Gerhard Schröder (SPD) im Bundestag.

Der Kosovo-Krieg ist bis heute umstritten: Trotz der gezielten Luftschläge kann die Vertreibung der Zivilbevölkerung nicht gestoppt werden. Dazu hätte es des Einsatzes von Bodentruppen bedurft. Doch die damit verbundenen hohen Kosten und das Risiko für die eigenen Soldaten schrecken jede Nation ab.

Tornado der Bundeswehr beim Start in Piacenza | 1999

Französische UN-Soldaten in Sarajevo | 1993

Reaktion der UN | Die *Vereinten Nationen* versuchen seit 1991 in diesem Konflikt zu vermitteln. Der *UN-Sicherheitsrat* und die *Europäische Gemeinschaft* verhängen Sanktionen gegen »*Rest-Jugoslawien*«, um Serbien von Kampfhandlungen abzuhalten. 1992 schließlich schicken sie eine internationale Schutztruppe, die *UNPROFOR*, nach Kroatien sowie Bosnien und Herzegowina. Eine Flugverbotszone wird über Bosnien verhängt und eine Luftbrücke zur Versorgung der belagerten Stadt Sarajevo eingerichtet. Die UN-Truppen sollen lediglich humanitäre Hilfe leisten, Waffenstillstandsabkommen überwachen und vor allem den Schutz der 1993 eingerichteten sechs *UN-Schutzzonen* um bosnische Städte, darunter Srebrenica und Sarajevo, durchsetzen. Doch gegen die blinde Wut der Kriegsparteien können sie wenig ausrichten. Serbische Militärs dringen sogar in die Schutzzonen ein, wo sie sich vor den Augen der UN-Truppen an der Zivilbevölkerung vergehen.

Daher entschließt sich die internationale Staatengemeinschaft zu einem entschiedeneren Vorgehen. Mit der Operation »*Deliberate Force*« fliegt die NATO 1995 erstmals gezielte Luftangriffe gegen serbische Stellungen. Die massiven Bombardierungen aus der Luft zwingen die Serben schließlich zum Nachgeben. Der serbische Präsident Milosevic gibt die Unterstützung für Karadzic und seine bosnischen Serben auf. Im *Vertrag von Dayton* wird endlich eine Friedenslösung gefunden.

Vertrag von Dayton

Unter Vermittlung der USA zustande gekommenes Friedensabkommen, das die staatliche Unabhängigkeit von Bosnien und Herzegowina garantiert. Das Land wird in zwei Teilrepubliken, die *Serbische Republik* und die von Muslimen und Kroaten gebildete *Föderation Bosnien-Herzegowina*, geteilt. Internationale Friedenstruppen sichern das Vertragswerk ab.

> »Über sechs Jahrhunderte hat der Kosovo-Heroismus unsere Kreativität inspiriert, den Stolz genährt, hat uns davor bewahrt zu vergessen, dass wir einst eine große und tapfere Armee waren, und stolz gemacht, auch in der Niederlage unbesiegbar zu sein.«
>
> SLOBODAN MILOSEVIC WÄHREND EINER GEDENKFEIER FÜR DIE SCHLACHT AUF DEM AMSELFELD, 1989

Krieg im Kosovo | Der *Vertrag von Dayton* wird von dem kroatischen Präsidenten Tudjman, dem serbischen Präsidenten Milosevic und dem bosnischen Amtskollegen Alija Izetbegovic unterzeichnet. Allerdings markiert er nicht das Ende der Auseinandersetzungen. In der serbischen Provinz Kosovo hofft die albanische Bevölkerungsmehrheit auf einen eigenen Staat. Bereits 1992 wird nach einer Volksabstimmung die Republik Kosovo ausgerufen, die allerdings keine internationale Anerkennung findet. Daher verschärft sich die Lage in den folgenden Jahren. Die 1996 ins Leben gerufene *Befreiungsarmee des Kosovo (UCK)* verübt Anschläge auf serbische Einrichtungen, die *Jugoslawische Volksarmee* kontert mit Gegenschlägen. 1998 eskaliert der Konflikt im Kosovo in einen regelrechten Krieg: Wiederum erreichen die Welt Nachrichten von Massenvertreibungen, Massakern und Massenvergewaltigungen. Große Flüchtlingsströme ergießen sich über die Region: Etwa 30 000 Menschen suchen Schutz in Albanien und Mazedonien, etwa 300 000 Vertriebene ziehen ziellos durch das eigene Land. Trotz internationaler Vermittlungsbemühungen ist Milosevic nicht bereit, dem Kosovo eine weitgehende Autonomie innerhalb Serbiens zuzugestehen, wie das auf der *Friedenskonferenz von Rambouillet* bei Paris vorgeschlagen wird. Der Kosovo gilt ihm und seinen Landsleuten als »*Wiege Serbiens*«, hatten doch auf dem berühmten Amselfeld nahe der Stadt Pristina schon im Mittelalter die christlichen Serben ihre Schlachten gegen die muslimischen Türken ausgetragen. Der Ort ist damit ein Symbol für das serbische Nationalbewusstsein und beschwört das Heldentum und die Opferbereitschaft der Serben.

Flucht von Albanern aus dem Kosovo | 1999

»Es ist in der Tat tragisch, dass die Diplomatie versagt hat. Aber es gibt Zeiten, in denen die Anwendung von Gewalt für die Bemühungen um den Frieden legitim sein könnte.«

DER GENERALSEKRETÄR DER VEREINTEN NATIONEN, KOFI ANNAN, 1999

Bomben für den Frieden | Nach dem Scheitern der *Friedenskonferenz von Rambouillet* beschließen die NATO-Mitgliedsstaaten, ohne Zustimmung des *UN-Sicherheitsrates* militärisch gegen Serbien vorzugehen. Mit Luftschlägen soll die serbische Führung zum Einlenken gezwungen werden. Am 24. März 1999 beginnen die Bombardierungen, an denen sich auch die deutsche Bundeswehr mit Aufklärungs- und Kampfflugzeugen beteiligt. In der deutschen Öffentlichkeit ist der ohne UN-Mandat zustande gekommene Einsatz der Luftwaffe äußerst umstritten.

Neben militärischen Zielen bombardieren die internationalen Luftstreitkräfte auch zivile Ziele mit strategischer Bedeutung. Erst nach 35 000 Lufteinsätzen wird die Operation am 10. Juni 1999 eingestellt. Milosevic muss einer

Britische KFOR-Soldaten beim Einsammeln von Waffen der UCK | 1999

UN-Resolution zustimmen. Sie sieht die Stationierung einer internationalen Friedenstruppe, der *Kosovo-Truppe (KFOR),* und eine vorübergehende UN-Verwaltung für die Provinz Kosovo vor. Die Flüchtlinge sollen zurückkehren, die *UCK* entwaffnet werden.

Offene Wunden | Trotz des massiven internationalen Eingreifens bleibt der Balkan eine unruhige und instabile Region. In Bosnien wachen immer noch europäische Friedenstruppen sowie internationale Institutionen über das Zusammenleben der Bevölkerung. Auch der Status des Kosovo ist weiterhin ungeklärt. Der *Internationale Gerichtshof* erklärt zwar im Juli 2010 die zwei Jahre zuvor durch das kosovarische Parlament in Pristina erneut ausgesprochene Unabhängigkeit als mit dem Völkerrecht vereinbar. Bis zum Tag des Rechtsgutachtens ist der Kosovo bereits von 69 Staaten anerkannt, weitere werden folgen. Doch Staaten, die Unabhängigkeitsbestrebungen nationaler Minderheiten im eigenen Land befürchten, werden sich dem nicht anschließen.

Die Staaten des ehemaligen Jugoslawien heute | 2010

RUANDA

»Auf Menschenjagd« – Der Völkermord an den Tutsi

I n Ruanda, im Osten Afrikas, spielt sich 1994 eine grausame Tragödie ab: Die Bevölkerungsmehrheit der Hutu macht Jagd auf die Minderheit der Tutsi. In nur 100 Tagen werden etwa 800 000 bis eine Million Menschen mit unvorstellbarer Brutalität umgebracht. Nur auf den ersten Blick handelt es sich dabei um einen spontanen Gewaltausbruch. In Wirklichkeit ist das Schlachten ein von langer Hand geplanter und von staatlichen und militärischen Stellen gelenkter Massenmord mit dem Ziel, die politische Macht den Hutus zu sichern. Die im Land stationierten wenigen UN-Soldaten können den Völkermord nicht stoppen. Schockiert und untätig sieht die Weltgemeinschaft dem Morden zu.

Tage des Grauens | Die Mörder kommen am hellen Tag. Bewaffnete Männer stürmen am Nachmittag des 16. April 1994 die Stadt Nyarubuye in der Provinz Kibungo, etwa 140 Kilometer östlich der ruandischen Hauptstadt Kigali. In Panik flüchten die überfallenen Tutsi-Bewohner in die Klosterkirche der Missionsstation. Sie hoffen, im geschützten Raum der Kirche werden die Verfolger von ihnen ablassen. Etwa 500 Menschen drängeln sich zwischen den Kirchenbänken.

Unter ihnen ist auch Flora Mukampore mit ihrer Familie. Was sie nun erlebt, ist die Hölle: Die Mörder stoßen die Kirchentüren auf, stürmen in den Raum und beginnen wahllos auf ihre wehrlosen Opfer einzuschlagen. Mit Macheten, Keulen, Äxten und Gewehrkolben schlagen sie die Menschen tot – Frauen, Kinder, Alte, Nonnen, niemand wird geschont. Selbst Handgranaten kommen zum Einsatz. Der Kirchenboden färbt sich blutrot. Flora verliert in wenigen Minuten 17 Angehörige. Sie selbst stürzt nach einem schweren Hammerschlag auf den Kopf zu Boden.

Die Hutu-Miliz stürmt weiter, metzelt im Klosterhof, in der Schule, den Seminarräumen und Arbeitsstätten jeden nieder, den sie findet. Zwei Tage lang wüten sie wie besinnungslos. Dabei zerhacken sie ihre Opfer mit Macheten so sehr, dass niemand mehr die genaue Zahl der Toten feststellen kann. Es sind Tausende. Flora wird erst später schwer verletzt unter den Leichen entdeckt. Sie ist eine der wenigen, die das Massaker nur durch Zufall überleben.

Nach dem Massaker | 1994

»Es war eine hasserfüllte Zeit. Unsere Köpfe waren heiß. Wir waren Tiere.«

EVARISTE MAHERANE, MÖRDER IN NYARUBUYE

Tutsi und Hutu
Ursprünglich zur Kennzeichnung von Standesunterschieden verwendet. Die viehzüchtenden Tutsi bildeten die Oberschicht mit dem Königshaus, die Hutu machten als Ackerbauern die Masse der Beherrschten aus. Die Kolonialherren deuteten die sozialen Gruppen in Stämme um, obwohl es keine sprachlichen, kulturellen oder religiösen Unterschiede gibt.

Im Blutrausch | Das Massaker von Nyarubuye ist nur einer von vielen traurigen Höhepunkten während des Völkermords an den Tutsi in Ruanda. Bis zum Juli 1994 wird fast eine Million Menschen auf grausamste Art und Weise umgebracht. Es ist der schlimmste Massenmord der jüngeren Geschichte. Ausgelöst wird er durch den Tod des ruandischen Präsidenten Juvénal Habyarimana, einem Hutu. Er kommt bei einem Flugzeugabsturz am 6. April 1994 ums Leben. Beim Landeanflug wird die Präsidentenmaschine von Boden-Luft-Raketen abgeschossen.

Bis heute ist umstritten, wer hinter dem Anschlag steckt. Doch für die Hutu-Bevölkerung ist klar: Es waren die Tutsi. Deren Rebellenarmee, die *Ruandische Patriotische Front (RPF)*, steht bereits im Land. Seit 1990 ist sie von Uganda aus im Vormarsch. Ihre Beteiligung an der Macht ist im *Friedensabkommen von Arusha* bereits beschlossen. Massiv werden von der Regierung die Ängste der Hutu-Bevölkerung vor einem endgültigen Sieg der RPF und einem Machtwechsel hin zu den Tutsi geschürt.

Überlebende werden im Sportstadion von Kigali versorgt.

Verhärtete Fronten | Der Hass zwischen Tutsi und Hutu hat eine lange Vorgeschichte. Die weißen Kolonialherren, erst die Deutschen, später die Belgier, hatten sich in ihrer Herrschaftsausübung zunächst auf die Tutsi gestützt. Dadurch gerieten die Hutu ins politische Abseits. Seit einer Volkszählung von 1933/34 stand die Stammeszugehörigkeit eines jeden Einzelnen sogar in den Ausweispapieren. Mit dem Ende der Kolonialzeit fand die Führungsrolle der Tutsi ein Ende. Noch vor der Unabhängigkeit Ruandas im Jahr 1962 kommt es zu einer ersten Verfolgung der Tutsi durch die Hutu. Viele Tutsi fliehen in die Nachbarländer, vor allem nach Uganda und Burundi. Ihr Versuch, in die alte Heimat zurückzukehren, scheitert 1963. Die Hutu stellen nun die Regierung. Und sie sehen die Tutsi als ihre Hauptfeinde an.

1973 kommt Juvénal Habyarimana durch einen Militärputsch an die Macht. Er errichtet ein autoritäres Regime, es gibt nur mehr eine Partei, die MRND. Die »*Rassen*« bleiben streng voneinander getrennt, die Tutsi werden systematisch benachteiligt. Wieder fliehen viele von ihnen ins Ausland. Das korrupte und ganz auf familiäre Verbindungen gestützte Regime des Präsidenten stößt auch bei vielen Hutu auf Widerstand. Es bilden sich oppositionelle Gruppen, die auf eine Demokratisierung und auf die Errichtung eines Mehrparteiensystems drängen. Hunderttausende Tutsi-Flüchtlinge leben in der Zwischenzeit im Exil und haben die Hoffnung noch nicht aufgegeben, eines Tages nach Ruanda zurückzukehren. 1987 wird in Uganda die *Ruandische Patriotische Front (RPF)* als Rebellenarmee gegründet. Sie verfolgt das Ziel, Habyarimana zu stürzen.

Soldaten der RPF, rechts General Kagame, heute Staatspräsident von Ruanda

Bürgerkrieg | Am 1. Oktober 1990 überschreiten Soldaten der *RPF* von Uganda aus die Grenze nach Ruanda. Nun beginnt ein jahrelanger Bürgerkrieg zwischen der Rebellenarmee und der Regierungsarmee. Präsident Habyarimana stützt sich auf belgische und französische Hilfe, um die Angriffe abzuwehren. So liefert Frankreich Waffen, entsendet Fallschirmjäger und stellt Militärberater zur Ausbildung der ruandischen Regierungsarmee.

Militärische Erfolge der von den USA unterstützten *RPF* zwingen Habyarimana aber 1992 zu Verhandlungen mit den Rebellen. Ein Jahr später muss er in der tansanischen Stadt Arusha ein Friedensabkommen schließen, das auf die Beteiligung der Tutsi wie auch der Hutu-Opposition an der Regierung abzielt. Diesen Kompromiss lehnen radikale Hutu jedoch ab.

Die Stunde der Extremisten | Während des Bürgerkrieges erstarken die radikalen Kräfte unter den Hutu, die zu keinem Zugeständnis an die Tutsi bereit sind. Sie untergraben das 1993 geschlossene *Friedensabkommen von Arusha* und setzen weiter auf Gewalt. Extremistische Hutu-Parteien gründen Jugendmilizen und bilden diese in Kampftechniken aus. Traurige Berühmtheit erlangt die Jugendorganisation der Regierungspartei *MRND*, die *Interahamwe*. Sie begeht besonders grausame Verbrechen an den Tutsi.

Daneben entstehen auch sogenannte *Volksverteidigungsgruppen*. In ihnen werden junge Männer zwischen 25 und 40 Jahren von Polizisten und Soldaten im Gebrauch von Schusswaffen unterwiesen. Den Aufbau dieser *»zivilen Selbstverteidigung«* übernimmt Oberst Theoneste Bagosora im Verteidigungsministerium. Um die Bevölkerung zu bewaffnen, kauft Ruandas Regierung Waffen und einfache Hiebwerkzeuge wie Macheten im Ausland und verteilt sie im Volk.

Extreme Hutu-Führer erstellen Todeslisten mit Namen von oppositionellen Hutu und prominenten Tutsi, die als Erste dem »Volkszorn« zum Opfer fallen sollen. Gleichzeitig verschärft der von Vertrauten Habyarimanas betriebene Radiosender *RTLM* den hetzerischen Ton gegenüber den Tutsi. Gezielt schürt der Sender den Hass auf alle vermeintlichen Feinde des Regierungssystems.

So ist der Boden für den Massenmord längst bereitet, als der Abschuss der Präsidentenmaschine

Aufgehäufte Mordwerkzeuge

den letzten Anlass zum Ausbruch brutalster Gewalt bietet. Systematisch durch-kämmen nun Hutu-Milizen, Militäreinheiten und Mitglieder der Präsidenten-garde die Straßen von Kigali. Sie gehen mordend von Tür zu Tür. Auch in Städten und Regionen fernab der Hauptstadt schicken Offiziere und Verwal-tungsbeamte ihre Mordkommandos und Milizen los.

Die Rolle der UNO | Als am 6. April 1994 das große Morden beginnt, stehen nur etwa 2500 Soldaten der UN-Friedenstrup-pen im Land, die die Umsetzung des *Friedensabkommens von Arusha* überwachen sollen. Den Oberbefehl führt der kanadi-sche General Roméo Dallaire. Er hat jedoch nur ein einge-schränktes Mandat: Zum militärischen Eingreifen zwischen den Konfliktparteien ist er nicht berechtigt.

Dies zwingt Dallaire angesichts der um sich greifenden Ge-walt zu einer schwer erträglichen Tatenlosigkeit. Obwohl er die *Vereinten Nationen* über die Lage in Ruanda rechtzeitig infor-miert und eine Aufstockung seiner Truppen fordert, wird er zum Stillhalten verpflichtet. Denn die internationale Staatengemeinschaft ist gleichzeitig mit dem Ausbruch des Jugoslawienkrieges vollauf beschäftigt und will nicht in einen neuen Krisenherd eingreifen.

Friedensabkommen von Arusha

Am 4. August 1993 abgeschlossen; sieht eine Machtteilung zwischen der Regierungspartei *MRND*, der *RPF* und anderen Oppositionsparteien vor. Regelt außerdem das Rückkehrrecht der Flüchtlinge sowie die Verschmelzung der Regie-rungsarmee mit der *RPF*. Zur Überwachung des Waffenstillstands werden UN-Friedenstruppen nach Ruanda entsandt.

Nach den Massakern ergreifen Hunderttausende die Flucht über die Grenzen.

»Wir haben die Jahrhunderte der Aufklärung, der Vernunft, der Revolution, der Industrialisierung und Globalisierung durchlebt. Ganz gleich, wie idealistisch das Ziel klingt: Dieses neue Jahrhundert muss zum Jahrhundert der Menschlichkeit werden.«

ROMÉO DALLAIRE IN SEINEM BUCH »HANDSCHLAG MIT DEM TEUFEL«, 2005

Als die von Blauhelmsoldaten bewachte Hutu-Premierministerin Agathe Uwilingiyimana von Todesschwadronen umgebracht wird, kommen dabei auch zehn belgische Soldaten ums Leben. Zum Schutz ihrer Soldaten zieht die UN ihre Truppen daraufhin fast vollständig ab. Auf dem Höhepunkt des Völkermords befinden sich nur noch 270 UN-Soldaten in Ruanda. Mit ihrer Hilfe werden ausländische Staatsangehörige ausgeflogen. Die afrikanische Bevölkerung dagegen wird ihrem Schicksal überlassen. Damit macht sich die Weltgemeinschaft mitschuldig an der ruandischen Tragödie. Das Morden in Ruanda endet erst, als die *RPF* unter Paul Kagame am 4. Juli 1994 die Hauptstadt Kigali erobert und die Macht übernimmt.

Ausländische Staatsangehörige werden in Sicherheit gebracht. | 11. April 1994

Frieden ohne Versöhnung | Aus Furcht vor Racheakten verlassen über zwei Millionen Hutu das Land. Sie suchen überwiegend im benachbarten Kongo in großen Flüchtlingslagern Zuflucht. Dort ist die Lage katastrophal. Die Menschen sind unterversorgt und verheerende Seuchen brechen aus.

Unter den Flüchtlingen sind auch viele der für den Massenmord verantwortlichen Täter, die von den Lagern aus zur Rückeroberung Ruandas rüsten. Daher greift die ruandische Armee 1996 im Kongo militärisch ein, um die Unruheherde unter Kontrolle zu bringen. Sie löst die Lager auf. Die Flüchtlinge kehren entweder nach Ruanda zurück oder verbleiben im Kongo, wo sie sich erneut in Flüchtlingslagern sammeln. Der Kongo stürzt durch das militärische Eingreifen Ruandas in eine schwere, lang anhaltende Krise.

Schädel von erschlagenen Kindern in der Gedenkstätte für Völkermord, Nyarubuye

In Ruanda selbst normalisiert sich die Lage nur schleppend. Paul Kagame, der zunächst Vizepräsident und im Jahr 2000 Präsident des ostafrikanischen Landes wird, verfolgt eine versöhnliche Politik. Kagame wird weitreichender Einfluss auf die allmähliche Stabilisierung Ruandas zugeschrieben. Von Hutu und Tutsi darf offiziell nicht mehr gesprochen werden; wer die Spaltung der Gesellschaft betreibt, wird bestraft. Zahlreiche Gerichte in Ruanda sowie der 1994 vom *UN-Sicherheitsrat* geschaffene *Internationale Strafgerichtshof für Ruanda (ICTR)* in Arusha versuchen die Gräueltaten juristisch aufzuarbeiten. Eine schwere Aufgabe, die bis heute nicht annähernd bewältigt werden konnte.

Von einer wirklichen Versöhnung ist das Land noch immer weit entfernt. Zu tief sind die Gräben in der Gesellschaft aufgerissen. Denn auch die *RPF* hat bei ihrem Vormarsch schwere Menschenrechtsverletzungen begangen. Keine Familie blieb von den Ereignissen 1994 unberührt, jede Sippe hat Tote zu beklagen. Durch die Fluchtbewegung der Hutu in den Kongo und nach Uganda hat sich zudem die ganze Region destabilisiert, sodass der Weg in eine friedliche Zukunft schwer belastet ist. Die Wiedereingliederung von ruandischen Flüchtlingen aus dem Kongo geht bis heute nur schleppend vor sich.

Auch die Überstellung von rund 20 000 Flüchtlingen aus Uganda stellt sich problematisch dar. Nach dem Bekanntwerden eines Repatriierungsabkommens zwischen Uganda und Ruanda im Mai 2009 tauchen viele Flüchtlinge aus Angst vor einer Verurteilung im Heimatland in Uganda unter.

Häftlinge in Kigali warten auf ihre Verurteilung.

Kindersoldaten

Während des Völkermords in Ruanda beteiligen sich viele Kinder und Jugendliche an den Gewalttaten. Schon zu Beginn der 1990er-Jahre bauen die verschiedenen Hutu-Parteien Jugendmilizen auf, in denen junge Menschen im Umgang mit Waffen und Sprengstoff ausgebildet und auf das schnelle Töten vorbereitet werden. Unter ihnen ist die *Interahamwe*, die Jugendorganisation von Präsident Habyarimanas Regierungspartei *MRND*, besonders berüchtigt. Sie begeht 1994 schwere Menschenrechtsverletzungen. Als nach dem Ende des Mordens rund 120 000 Menschen als mögliche Täter verhaftet werden, sind darunter auch 5000 Heranwachsende. Sie müssen jahrelang unter unzumutbaren Haftbedingungen auf ihren Prozess warten.

Auf internationalen Druck hin werden bis Ende 2001 alle beschuldigten Kinder, die zum Zeitpunkt ihrer Taten unter 14 Jahre alt waren, freigelassen. Sie können zu ihren Familien zurückkehren. Meist sind diese ehemaligen Kindersoldaten jedoch schwer traumatisiert und können kein normales Leben mehr führen.

Ein globales Problem

Dass Kinder zu Tätern werden, ist nicht nur ein ruandisches Problem. Schätzungen zufolge sind weltweit etwa 250 000 bis 300 000 Kinder als Soldaten im Einsatz. In vielen Ländern Asiens, Lateinamerikas und Afrikas gehören sie zum festen Bestandteil des Kriegsalltags. Die Kinder sind Täter und Opfer zugleich. Meistens werden sie von offiziellen Armeen oder bewaffneten Gruppen gewaltsam ihren Familien entrissen und zum Kämpfen gezwungen. Manche Jugendliche schließen sich den bewaffneten Horden aber auch freiwillig an. Bei ihnen erhoffen sie sich Schutz vor Übergriffen, Versorgung mit Lebensmitteln oder den Anschluss an eine neue soziale Gruppe, wenn die eigene Familie in den Kriegswirren verloren gegangen ist. Die Kindersoldaten werden von ihren erwachsenen Führern mit Schlägen und Drohungen zu bedingungslosem Gehorsam gedrillt.

Den Militärführern fällt es leicht, die jugendlichen Kämpfer zu beeinflussen und ihr mangelndes Gefahren- und Unrechtsbewusstsein auszunutzen. So können gerade Kinder zu skrupellosen Mördern werden.

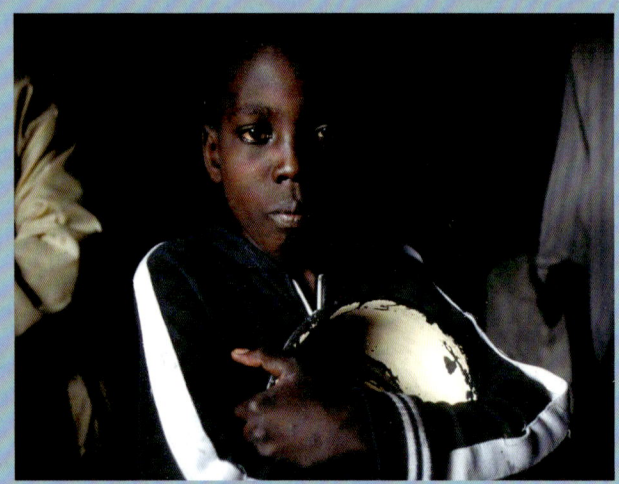

Kindersoldat in einem ruandischen Gefängnis | 1994

Kindersoldaten müssen meist sehr gefährliche Dienste an der Front übernehmen und als Spione, Minensucher und Botengänger ihr Leben aufs Spiel setzen. Sobald sie eine Waffe tragen können, werden sie zum Töten losgeschickt. Meist stehen sie dabei unter dem Einfluss von Drogen oder Alkohol. Auch Mädchen geraten immer wieder in die Reihen der Soldaten und sind dann im besonderen Maße sexuellen Übergriffen ihrer männlichen »Kameraden« ausgesetzt.

Internationale Ächtung

Der militärische Einsatz von Kindersoldaten ist international geächtet. »*Jedes Kind hat ein Recht auf Schutz vor kriegerischer Gewalt*«, heißt es in Artikel 38 der *UN-Kinderrechtskonvention* von 1989. Ein Zusatzprotokoll verbietet es seit dem 12. Februar 2002, Jugendliche unter 18 Jahren einzuziehen und in den Kampf zu schicken. Der Einsatz von unter 15-Jährigen gilt sogar als Kriegsverbrechen. Auf dieser Grundlage verurteilte der *Internationale Strafgerichtshof* in Den Haag 2007 erstmals afrikanische Rebellenführer wegen des Einsatzes von Kindersoldaten.

Kindersoldaten in Liberia | 1996

Trotzdem kommt der Schutz der Kinder nur schleppend voran. Zwar ist die Anzahl der Konflikte, in denen Kinder als Soldaten missbraucht werden, leicht gesunken. Die Anzahl der Kindersoldaten weltweit hat sich jedoch kaum verändert. Hunderttausende Kinder und Jugendliche werden jedes Jahr in bewaffnete Konflikte hineingezogen. Um die Einhaltung der UN-Vereinbarungen durchzusetzen, hat sich ein Bündnis internationaler Menschen- und Kinderrechtsorganisationen zur *Internationalen Koalition gegen den Einsatz von Kindersoldaten* zusammengeschlossen.

Aktion »Rote Hand«

Jedes Jahr am 12. Februar veranstaltet das Bündnis den weltweiten *Aktionstag der Roten Hand*. Mit ihm soll auf das Schicksal der unterdrückten und traumatisierten Kindersoldaten aufmerksam gemacht werden. Jeder Bürger ist dazu aufgerufen, seinen Handabdruck mit roter Fingerfarbe auf einem Blatt Papier zu hinterlassen, damit dieses den UN in New York als Zeichen des Protestes übergeben werden kann. Damit wollen die Akteure die Regierungen an die Umsetzung ihrer eigenen Beschlüsse erinnern. Viele Menschen in Europa, den USA, dem Kongo oder Kolumbien haben sich an der seit 2002 stattfindenden Aktion bereits beteiligt. Die *Rote Hand* ist so zum weltweiten Symbol gegen den Missbrauch von Kindern als Soldaten geworden.

Aktionstag der »Roten Hand« in Deutschland | 2006

ISRAEL

»Spirale der Gewalt« – Der Nahostkonflikt

Seit vielen Jahrzehnten kämpfen Israelis und Palästinenser um das Gebiet zwischen Mittelmeerküste, dem Fluss Jordan und dem Roten Meer. Dieser Konflikt hat eine jahrtausendealte Geschichte. Die drei Weltreligionen Judentum, Christentum und Islam verehren hier mit der Stadt Jerusalem im Zentrum ihre wichtigsten heiligen Stätten. Dies erklärt die Erbitterung, mit der die Konfliktparteien um ihre Ziele kämpfen. Während sich die jüdische Bevölkerung den Traum vom eigenen Staat mit der Gründung Israels 1948 bereits erfüllte, haben die arabischen Palästinenser bis heute kein klar definiertes eigenes Staatsgebiet. Terror und Gewalt verhinderten bislang die Umsetzung eines Friedensplans.

Aufruhr in der Heiligen Stadt | Der Tempelberg in Jerusalem gehört zu den am meisten verehrten Orten der Welt. Hier auf dem sanften Hügel im Südostteil der Stadt mischen sich in einzigartiger Weise die religiösen Traditionen des Judentums, des Christentums und des Islam. Hierher soll der biblische Stammvater Abraham gekommen sein, um Gott seinen Sohn Isaak zu opfern. In der Antike stand auf der Hügelkuppe der große Tempel der Juden, den die Römer im Jahr 70 n. Chr. zerstörten. Bis heute pilgern gläubige Juden zum letzten Mauerrest des Gebäudes, der Klagemauer, die direkt unterhalb des Tempelber-

Der Tempelberg in Jerusalem mit dem Felsendom und der Klagemauer

Palästinenserinnen beim Gebet

ges liegt. Die oberste Ebene gehört den Muslimen. Hier stehen der mächtige Felsendom mit seiner goldschimmernden Kuppel sowie die al-Aqsa-Moschee. Sie erinnern daran, dass nach der Überlieferung an dieser Stelle der Prophet Mohammed in den Himmel aufstieg. Die Muslime nennen das weitläufige Areal *al-Haram asch-Scharif* (das edle Heiligtum).

An diesem heiligen Ort kommt es am 28. September des Jahres 2000 zum Aufruhr. Der israelische Oppositionsführer Ariel Scharon hat überraschend seinen Besuch angesagt. Scharon ist sich der Brisanz seines Besuches an einem der Hauptheiligtümer des Islam bewusst. Er kommt nicht allein. Über 1000 Soldaten und Polizisten bringt er zu seinem Schutz mit.

Ariel Sharon während seines Besuchs auf dem Tempelberg

Der Sturm bricht los | Die Altstadt von Jerusalem gleicht einer Festung. Scharfschützen gehen hinter Mauervorsprüngen in Stellung, Hubschrauber kreisen in der Luft. Die Situation ist hochexplosiv. Die Palästinenser wollen Scharon am Betreten ihres Heiligtums unbedingt hindern. Als der Politiker um 7.55 Uhr den Tempelberg betritt, wird er von einer wütenden Menge mit Steinen beworfen

»Der Tempelberg ist in unseren Händen!«

ARIEL SCHARON AM 28. SEPTEMBER 2000

und beschimpft. Menschen legen sich vor ihm auf den Weg, es kommt zum Handgemenge. Nach 45 aufreibenden Minuten zieht der Politiker wieder ab. Dieser Kurzbesuch auf dem Tempelberg ist für die Palästinenser eine beispiellose Herausforderung. Scharon hat damit deutlich gemacht, dass Israel Anspruch auf die Herrschaft über ganz Jerusalem einschließlich des Tempelberges anstrebt. »*Es ist unfassbar, dass ein Jude die heiligste Stätte des jüdischen Volkes nicht besuchen kann*«, tobt er. Doch er weiß, dass auch die Palästinenser sich die Stadt, zumindest ihren Ostteil, als Zentrum für ihren künftigen Palästinenserstaat wünschen.

Schon am nächsten Tag bricht der Sturm der Empörung los. Die Palästinenser rufen die sogenannte al-Aqsa-Intifada aus, sie werfen Steine und Brandsätze gegen israelische Sicherheitskräfte. Diese schießen scharf zurück, es gibt Tote und Verletzte auf beiden Seiten. Damit ist ein friedliches Zusammenleben zwischen Palästinensern und Israelis wieder einmal in weite Ferne gerückt.

Intifada

Das Wort aus dem Arabischen bedeutet »abschütteln«. Aufstand der Palästinenser gegen den israelischen Staat, vor allem in Straßenschlachten mit israelischen Soldaten ausgefochten. Die Erste Intifada, der »*Krieg der Steine*«, dauerte von 1987 bis 1995. Die *al-Aqsa-Intifada* oder *Zweite Intifada* beginnt im September 2000.

Israelische Soldaten schießen mit Tränengas auf Steine werfende Palästinenser.

Palästinensische Jugendliche während der Unruhen | 2000

David Ben Gurion verliest die israelische Unabhängigkeitserklärung. | 1948

»Im Lande Israel entstand das jüdische Volk. Hier prägte sich sein geistiges, religiöses und politisches Wesen. Hier lebte es frei und unabhängig.« Mit diesen Worten gibt Israels erster Ministerpräsident, David Ben Gurion, am 14. Mai 1948 in Tel Aviv die Gründung des Staates Israel bekannt. »Gleich allen anderen Völkern ist es das natürliche Recht des jüdischen Volkes, seine Geschicke unter eigener Hoheit selbst zu bestimmen.« Mit großer Freude feiern die Menschen auf den Straßen Tel Avivs und in anderen Städten die von Ben Gurion vorgetragene Unabhängigkeitserklärung. Nach über 2000 Jahren der Vertreibung erhalten die Juden endlich wieder eine eigene Heimstätte in Palästina, das sie schon unter den antiken Römern hatten verlassen müssen. Doch die Freude währt nicht lange. Die im Land siedelnden Palästinenser und die arabischen Nachbarstaaten wollen sich mit der Staatsgründung Israels nicht abfinden. Schon am Tag nach Ben Gurions Rede wird der junge Staat angegriffen.

Kampf ums Überleben

Truppen aus Ägypten, Jordanien, Syrien, Libanon und dem Irak nehmen das Land von drei Seiten aus in die Zange. Doch obwohl die arabischen Armeen sehr gut ausgerüstet sind, können sich die israelischen Streitkräfte behaupten. Außerdem gelingt es ihnen, das eigene Staatsgebiet von ursprünglich gut 14 000 Quadratkilometern auf rund 20 700 Quadratkilometer zu erweitern. Doch auch die arabischen Nachbarländer haben ihren Einfluss ausgedehnt: Ägypten eignet sich den Gazastreifen an, Jordanien das Westjordanland und Ostjerusalem. Für einen eigenen Palästinenserstaat ist damit kein Platz mehr auf der Landkarte des Nahen Ostens.

1956, 1967 und 1973 kommt es zu erneuten Kampfhandlungen mit den arabischen Nachbarn, die Israel aber allesamt erfolgreich besteht. 1967 gelingt es den israelischen Streitkräften sogar, im Handstreich den Gazastreifen, die Sinaihalbinsel, die syrischen Golanhöhen sowie das von Jordanien beanspruchte Westjordanland mit Ostjerusalem zu erobern.

Dieser sogenannte Sechstagekrieg verändert die Landkarte noch einmal nachhaltig. Die dauerhafte Besetzung der eroberten Gebiete durch Israel und die dort entstehenden jüdischen Siedlungen sind jedoch die Grundlage neuer Konflikte.

In einem israelischen Militärlager wird die israelische Flagge aufgezogen. | 1948

Zankapfel Jerusalem

Zu einem besonderen Zankapfel entwickelt sich die den drei Weltreligionen Judentum, Christentum und Islam gleichermaßen heilige Stadt Jerusalem. Der ursprüngliche Plan der UN, die Stadt unter internationale Kontrolle zu stellen, wird schon während des *Unabhängigkeitskrieges* 1948/49 hinfällig. Jordanien besetzt Ostjerusalem, Israel behält den Westteil in seiner Hand. Während des *Sechstagekrieges* erobert die israelische Armee auch den Ostteil der Stadt und verschafft ihrer Bevölkerung damit Zugang zur Klagemauer. Erstmals können Juden an diesem für sie wichtigen Ort wieder beten. Die islamischen Gebetsstätten auf dem Tempelberg bleiben jedoch unter muslimischer Verwaltung.

Strenggläubige Juden beim Gebet an der Klagemauer

Es beginnt ein Verdrängungsprozess zwischen jüdischen Siedlern und Palästinensern in der Jerusalemer Altstadt. Immer mehr Israelis lassen sich im Ostteil der Stadt und in den großen, außerhalb der Altstadt entstehenden modernen Neubausiedlungen nieder. 1980 erklärt das israelische Parlament, die *Knesset*, das »ungeteilte Jerusalem« zur Hauptstadt Israels und verstärkt den Siedlungsbau. 1990 wird Jerusalem sogar zur »Zone bevorzugter Bautätigkeit« erklärt, was die Erbitterung aufseiten der Palästinenser nur erhöht. Sie halten an Jerusalem als Hauptstadt für einen zukünftigen Palästinenserstaat fest.

Hypothek für die Zukunft

US-Präsident Bill Clinton unterbreitet im Dezember 2000 einen Kompromissvorschlag: Die jüdischen Viertel Jerusalems sollen demnach von Israel, die arabischen Wohnbezirke von Palästinensern verwaltet werden. So könnten beide Staaten ihren Hauptstadtsitz nach Jerusalem verlegen. Die praktische Umsetzung dieser Lösung birgt jedoch viele Unsicherheiten. Schließlich gäbe es dann zwei konkurrierende Stadtverwaltungen in Jerusalem. Daher war die Reaktion auf diesen Vorschlag in der israelischen wie palästinensischen Bevölkerung bislang eher ablehnend.

Der bisher unveränderte politische Status der Stadt ist eines der Kernprobleme des Nahostkonflikts. Viele Staaten erkennen das »ungeteilte Jerusalem« nicht als Hauptstadt Israels an. Aus diesem Grund befinden sich die meisten Botschaften – darunter auch die deutsche – nicht in Jerusalem, sondern in Tel Aviv.

Auch die UN nehmen eine kritische Haltung gegenüber Israel ein. 2009 mahnt der Generalsekretär der UN, Ban Ki-moon, dass Jerusalem die Hauptstadt Israels und Palästinas werden müsse, wenn endlich Frieden einkehren soll.

Die langen Schatten der Vergangenheit | Die große Erbitterung, mit der Israelis und Palästinenser um ihre vermeintlichen Rechte kämpfen, hat ihre Wurzeln in der Nachkriegsgeschichte. Nach den Schrecken des Zweiten Weltkrieges und der massenhaften Ermordung von Juden durch die Nationalsozialisten in ganz Europa einigt sich die Weltgemeinschaft 1948 auf die Gründung des Staates Israel. Endlich sollen die Opfer von Verfolgung und Not eine sichere Zuflucht erhalten und in das Land ihrer Vorväter zurückkehren. Die Vollversammlung der *Vereinten Nationen (UN)* beschließt einen Teilungsplan, der die Gründung eines jüdischen und eines arabisch-palästinensischen Staates und ein international verwaltetes Jerusalem vorsieht. Allerdings stimmen die betroffenen Palästinenser, die den Verlust ihrer Heimat fürchten, sowie die arabischen Nachbarstaaten diesem Beschluss nicht zu.

Kaum ist der Staat Israel ausgerufen, beginnt auch schon der Krieg mit den angrenzenden arabischen Ländern. Viele Palästinenser werden vertrieben oder fliehen aus ihren auf israelischem Staatsgebiet liegenden Dörfern und suchen Schutz in großen Flüchtlingscamps jenseits der Grenze.

Laut den Angaben des UN-Flüchtlingswerkes UNRWA leben bis heute über 3,7 Millionen palästinensischer Flüchtlinge im ganzen Nahen Osten verstreut. Die Flüchtlingslager befinden sich in Jordanien, im Libanon und in Syrien sowie in den seit 1967 von Israel besetzten Gebieten Gazastreifen und Westjordanland. Viele der dort geborenen Kinder haben die Heimat ihrer Eltern noch nie gesehen. Auf ihr Rückkehrrecht wollen sie trotzdem nicht verzichten.

Palästinenserinnen mit ihren Kindern im Flüchtlingslager Rafah | 2002

Jüdische Siedlung Amuna bei Ramallah im Westjordanland

Erste Intifada | Nach der letzten militärischen Kraftprobe 1973 kommt es unter der Schirmherrschaft der USA zu Vermittlungsgesprächen zwischen den verfeindeten Parteien. Die Weltgemeinschaft beharrt auf einer Zwei-Staaten-Lösung und fordert Israel zur Räumung der besetzten Gebiete auf.

Die israelische Gesellschaft selbst ist in dieser Frage gespalten. Manche befürworten eine Rückgabe der angeeigneten Territorien, andere fürchten um ihre Sicherheit in einer feindlich geprägten Umgebung. Immer mehr jüdische Siedler ziehen in die besetzten Gebiete und rechtfertigen dies mit religiösen Gründen, denn einst gehörten die biblischen Gebiete Samaria und Judäa zum Königreich Israel. Zwischen 1984 und 1992 wächst die Zahl der israelischen Siedler im Westjordanland und im Gazastreifen von 42 000 auf 107 000. Unterstützung für diese Besiedelung finden sie bei der extrem konservativen *Likud*-Partei, der auch Ariel Scharon angehörte.

Die Palästinenser fürchten daher zu Recht, nie zu einem eigenen Staat zu kommen. Wirtschaftlich sind ihre Gebiete ohnehin von Israel abhängig. Wegen der niedrigen Löhne lassen israelische Unternehmen in den Palästinensergebieten produzieren oder holen billige Arbeitskräfte nach Israel. Vor allem junge Palästinenser sind damit unzufrieden. Zudem ist ihnen jede politische Betätigung verboten. Im Dezember 1987 kommt es daher zu einer breiten Aufstandsbewegung junger Palästinenser gegen die Besatzer. Bei der sogenannten *Ersten Intifada* kommt es zu blutigen Auseinandersetzungen mit israelischen Soldaten. Aber auch Streiks, Steuerverweigerung und der Boykott israelischer Waren gehören zum Programm des Aufstands.

Bewaffneter jüdischer Siedler in Hebron, Westjordanland

Die Verträge von Oslo | Die anhaltenden Unruhen münden erst 1991 in einen neuen Vorstoß zum Frieden. In Madrid versammeln sich die Konfliktparteien unter der Führung von US-Präsident George Bush sen. Parallel dazu starten in der norwegischen Stadt Oslo Geheimverhandlungen, bei denen auch die radikale und daher von Israel nicht anerkannte *Palästinensische Befreiungsorganisation (PLO)* mit am Verhandlungstisch sitzt. Am Ende der langwierigen Gespräche wird der schrittweise Rückzug Israels aus den besetzten Palästinensergebieten vereinbart. Eine aus Wahlen hervorgegangene *Palästinensische Autonomiebehörde* soll im Gegenzug die Verwaltung der Gebiete übernehmen.

Damit ist ein erster Schritt zum Aufbau eines eigenen Palästinenserstaates getan. Allerdings haben die Gesprächspartner die strittigen Fragen im Friedensprozess ausgeklammert: Weder ist das Schicksal der palästinensischen Flüchtlinge geklärt, noch der Status von Jerusalem oder die Zukunft der israelischen Siedlungen geregelt.

Palästinensische Befreiungsorganisation (PLO)
1964 unter ägyptischer Schirmherrschaft als Dachorganisation für verschiedene palästinensische Widerstandsgruppen gegründet. Nachdem sich die Organisation zunächst ganz dem Kampf gegen Israel verschrieben hatte, erkennt sie 1988 prinzipiell eine Zwei-Staaten-Lösung an. Ihr Führer ist bis 2004 Jassir Arafat.

Das Scheitern | Der Friedensvertrag von Oslo hat auf beiden Seiten viele Feinde. Den Kritikern gehen die Zugeständnisse viel zu weit. Um den Friedensprozess zu verhindern, verüben radikal-islamische Terrorgruppen wie die *Hamas* und *Islamischer Djihad* schwere Attentate und Selbstmordanschläge in Israel, bei denen viele Menschen ums Leben kommen. Auf israelischer Seite machen radikale Siedler mobil. 1995 wird sogar der israelische Ministerpräsi-

Jüdische Siedler demonstrieren in Hebron gegen die Rückgabe der Stadt an die Palästinenser. | 1996

dent Jitzchak Rabin, der das Abkommen von Oslo geschlossen hatte, bei einer Friedenskundgebung in Tel Aviv von einem jüdischen Extremisten erschossen. Weltweit wird in diesem Attentat eine Katastrophe für den Friedensprozess gesehen, der daraufhin endgültig ins Stocken gerät.

Im Jahr 2000 nehmen der gemäßigte Ministerpräsident Ehud Barak und der *PLO*-Führer Jassir Arafat unter der führenden Hand von US-Präsident Bill Clinton in Camp David im US-Bundesstaat Maryland den Gesprächsfaden wieder auf. Barak ist zu weitgehenden Zugeständnissen bereit, doch Arafat sieht das Schicksal der palästinensischen Flüchtlinge nicht genügend geklärt. Deshalb kehren die Gesprächspartner ohne Ergebnis nach Hause zurück.

Beide Seiten werfen sich gegenseitig das Fehlschlagen der Verhandlungen vor. Ehud Barak sieht sich zudem wegen seiner Nachgiebigkeit innenpolitischer Kritik ausgesetzt. Mit seinem Auftritt auf dem Jerusalemer Tempelberg macht Ariel Scharon klar, dass er keinen Kompromissen zustimmen wird. Wieder überrollt eine Welle von palästinensischen Selbstmordattentaten Israel. Autobomben gehen hoch, Sprengsätze explodieren in Bussen, Restaurants und öffentlichen Einrichtungen.

Hamas-Attentat auf einen Bus in Jerusalem | 1996

Jitzchak Rabin

(1922–1995); Politiker der israelischen Arbeiterpartei, von 1974 bis 1977 und erneut ab 1992 Ministerpräsident von Israel. Wendet zur Niederschlagung der Ersten Intifada äußerst harte Methoden gegen die aufrührerischen Palästinenser an. In seiner zweiten Amtszeit setzt er sich entscheidend für den Frieden mit den Palästinensern und den arabischen Nachbarstaaten ein.

Barak, Clinton und Arafat während der Friedensverhandlungen in Camp David, USA | 2000

Gedenken an den ermordeten Ministerpräsidenten Rabin in Tel Aviv

Ariel Scharon

Ariel Scharons Lebensweg ist eng mit der Geschichte des Staates Israel verbunden. Die Kriege der Anfangszeit erlebt er selbst als Soldat und Befehlshaber mit. Entschieden wie als General kämpft er auch als Politiker um den Fortbestand und die Sicherheit Israels. Seine unnachgiebige Haltung gegenüber den Palästinensern bringt ihm den Spitznamen »Bulldozer« ein.

Der Kriegsheld

Scharon ist das Kind einer georgischen Einwanderfamilie, die in einer landwirtschaftlichen Siedlung bei Tel Aviv lebt. Früh bekommt er die Auseinandersetzungen zwischen Arabern und jüdischen Siedlern in dieser Gegend mit. Als Halbwüchsiger schließt er sich der militärischen Untergrundorganisation *Hagana* an. 1948/49 kämpft er als Soldat für Israels Unabhängigkeit. 1953 gründet und kommandiert er die Elitetruppe *Einheit 101*, die sich auf Vergeltungsschläge gegen arabische Attentäter spezialisiert. Zum Kriegshelden wird er 1967 durch militärische Erfolge während des *Sechstagekrieges* und 1973 beim *Jom-Kippur-Krieg*.

1928 Geburt in Kfar Malal bei Tel Aviv
1948 Soldat im Unabhängigkeitskrieg
1953–1973 Militärische Karriere
1973 Mitbegründer der *Likud*-Partei
1977–1999 Verschiedene Ministerämter
1999 Vorsitzender der *Likud*-Partei
2001–2006 Ministerpräsident
2005 Gründer der *Kadima*-Partei
2006 Amtsunfähigkeit

Die politische Karriere

Scharons politische Laufbahn beginnt 1973, als er die konservative *Likud*-Partei mitbegründet und ins Parlament einzieht. Er engagiert sich für den Siedlungsausbau und genehmigt als Minister immer wieder die Errichtung von Wohnungen in den besetzten Gebieten und in Ostjerusalem. Von einem Dialog mit den Palästinensern hält er dagegen wenig. Als Verteidigungsminister sorgt er 1982 für die Zerschlagung der *PLO*-Stützpunkte im Libanon. Dabei verüben mit Israel verbündete libanesische Milizen in palästinensischen Flüchtlingslagern schwere Massaker, an denen Scharon eine Mitverantwortung gegeben wird. Er muss als Verteidigungsminister zurücktreten und kritisiert jede Regierung, die zu Zugeständnissen an die Palästinenser bereit ist. 2001 zum Ministerpräsidenten gewählt, fährt er wieder einen kompromisslosen Kurs.

Angesichts der anhaltend schwierigen Sicherheitslage in Israel gerät Scharons Politik zunehmend in die Kritik. Selbst die eigene Partei folgt ihm nicht mehr widerspruchslos, als er 2005 den Abzug jüdischer Familien aus ihren Siedlungen im Gazastreifen befiehlt. Scharon verlässt den *Likud* und gründet die *Kadima*-Partei. Im Dezember 2005 erleidet er einen Schlaganfall und fällt in ein Koma, aus dem er nicht mehr erwacht. Am 11. April 2006 wird Scharon vom israelischen Kabinett für dauerhaft amtsunfähig erklärt. Sein Nachfolger als Ministerpräsident wird Ehud Olmert.

Jassir Arafat ist ein Mann mit vielen Gesichtern, der es vom Freiheitskämpfer zum Friedensnobelpreisträger bringt. Er selbst behauptet, in Jerusalem geboren zu sein – vielleicht, um den Anspruch der Palästinenser auf diese Stadt zu untermauern. Man vermutet aber, dass er in Kairo geboren wurde und als Kind zu Verwandten in die Heilige Stadt kam.

Kampf gegen Israel

Arafat ist ein Gegner von Israel und setzt sich leidenschaftlich für das Selbstbestimmungsrecht der Palästinenser ein. Als Leutnant der ägyptischen Armee nimmt er an den arabisch-israelischen Kriegen 1948/49 und 1956 teil. Später studiert er in Kairo Ingenieurwissenschaften. In Kuwait, wo er eine erfolgreiche Baufirma führt, gründet er die militante Gruppe *al-Fatah,* die sich dem bewaffneten Kampf gegen Israel verschreibt. 1968 wird Arafat ihr Vorsitzender. Die Fatah arbeitet heimlich im Gazastreifen, bewaffnet die Bevölkerung und verübt zahlreiche Anschläge in Israel. 1968 geht die Fatah in der *Palästinensischen Befreiungsorganisation (PLO)* auf. Nach der Vertreibung der *PLO*-Kämpfer aus Jordanien und dem Libanon weicht Arafat nach Tunis aus.

1929 Geburt in Kairo oder Jerusalem

1958 Mitbegründer der *Fatah*-Bewegung

1969–2004 Vorsitzender der *PLO*

1994 Friedensnobelpreis

1996–2004 Präsident des *Palästinensischen Autonomierats*

2004 Tod in Clamart, Frankreich

Dialog mit Israel

Allmählich reift in ihm die Einsicht, dem Dialog mit Israel eine Chance zu geben. Eine historische Stunde für den Frieden schlägt, als er gemeinsam mit dem israelischen Ministerpräsidenten Jitzchak Rabin 1993 die Oslo-Verträge unterzeichnet. Erstmals erhalten Teile der besetzten Palästinensergebiete wie der Gazastreifen und die Stadt Jericho Selbstverwaltungsrechte. Gemeinsam mit Rabin und dem israelischen Außenminister Shimon Peres erhält Arafat dafür 1994 den Friedensnobelpreis. Nach mehr als 27 Jahren im Exil kann er nach Palästina zurückkehren, um in Gaza eine eigene Regierung, die *Palästinensische Autonomiebehörde,* einzurichten. 1996 steht er auf dem Höhepunkt seiner Macht, als er vom Volk zum Präsidenten des *Autonomierates* gewählt wird.

Doch der Friedensprozess gerät bald ins Stocken. Nach den gescheiterten Gesprächen von Camp David setzt Arafat wieder auf Gewaltaktionen, was ihn außenpolitisch isoliert. Unfähigkeit und Korruptionsanfälligkeit seiner Behörde schwächen seine Autorität zusätzlich. Die israelische Armee schließt ihn 2002 in seinem Amtssitz in Ramallah ein. 2004 wird der todkranke Mann nach Frankreich ausgeflogen. Er stirbt in einem Militärkrankenhaus in Clamart bei Paris.

»Ich hörte die Explosion, danach gar nichts mehr. Ich verlor für eine Zeit das Gehör. Ich sah meinen Vater. Er hatte am ganzen Körper und im Gesicht Blut, das Blut von anderen Menschen.«

DIE ISRAELIN INBAR SCHAUL ÜBER EIN BOMBENATTENTAT IN HAIFA WÄHREND DER ZWEITEN INTIFADA

Gewalt und Gegengewalt | 2001 wird Ariel Scharon Ministerpräsident. Er reagiert mit unnachgiebiger Härte auf die palästinensischen Anschläge, bei denen viele Menschen verletzt werden und sterben. Scharon lässt radikale Palästinenserführer durch die Armee töten und gibt grünes Licht für Militäraktionen in den Palästinensergebieten. So marschieren israelische Truppen in palästinensische Flüchtlingslager und Städte ein, aus denen viele Selbstmordattentäter stammen. Sie durchsuchen die Orte nach Terroristen, zerstören dabei aber auch die Häuser vieler unbeteiligter Zivilisten. Selbst der Amtssitz des Palästinenserführers Arafat in Ramallah wird weitgehend zerstört und Arafat selbst unter Hausarrest gestellt. Der Dialog mit den Palästinensern wird abgebrochen. Doch Frieden bringt Scharon seinem Volk damit nicht. Immer weiter dreht sich die Spirale der Gewalt.

Der Grenzzaun | Nach Neuwahlen im Januar 2003 nutzt Ariel Scharon die neue konservative Regierungskoalition, um noch härtere Schritte gegen die Palästinenser einzuleiten. Mit Entschiedenheit treibt er den Bau eines schon im Jahr zuvor begonnenen Grenzzauns voran. Der Zaun soll das israelische Kernland gegen das Westjordanland absperren und so das Eindringen von Selbstmordattentätern aus den Palästinensergebieten verhindern. Der größte Teil dieser knapp 750 Kilometer langen Anlage besteht aus parallel verlaufenden Zäunen, Stacheldraht und Gräben mit einer Gesamtbreite von 60 Metern, die regelmäßig von Militärpatrouillen kontrolliert werden. An manchen Stellen türmt sich der »Schutzwall« aber auch zu fast acht Meter hohen Trennwänden aus Beton auf, die Städte wie Bethlehem regelrecht teilen.

Dies bedeutet für die Palästinenser eine große Einschränkung ihrer Bewegungsfreiheit. Die Tore

Belagertes Hauptquartier von Arafat in Ramallah | 2002

Grenzzaun zwischen Jerusalem und Bethlehem | 2009

im Zaun werden streng bewacht und stehen teilweise nur für eine Viertelstunde am Tag offen. Zum Passieren benötigen alle Palästinenser eine von der zivilen Militärverwaltung der israelischen Armee erteilte Genehmigung. Vor allem jüngeren Männern wird sie oft willkürlich verweigert; sie können deshalb ihre Arbeitsplätze in Israel nicht erreichen. Viele Bauern sind durch den Zaun von ihren Feldern abgeschnitten und können nichts anbauen. Zudem ist der Zugang zu den Märkten, auf denen sie ihre Produkte früher verkauft haben, erschwert. Viele Bauern müssen deshalb aufgeben.

Der Grenzwall verläuft überwiegend auf palästinensischem Boden und beansprucht die dort liegenden jüdischen Siedlungsblöcke einfach für Israel. Die Palästinenser fürchten daher eine Vorwegnahme der endgültigen Grenzziehung zwischen Israel und einem Palästinenserstaat. Angesichts der verhärteten Fronten zwischen den Konfliktparteien gehen Vermittlungsversuche der internationalen Staatengemeinschaft ins Leere. Die von den USA, Russland, der *Europäischen Union* und den *Vereinten Nationen* im Jahr 2003 ausgehandelte *Roadmap* zur Gründung eines Palästinenserstaates bleibt ein nutzloses Blatt Papier.

Roadmap
International ausgehandelter Drei-Stufen-Plan zur friedlichen Beilegung des Nahostkonflikts, der bis zum Jahr 2005 die Errichtung eines unabhängigen Staates Palästina vorsieht. Voraussetzung dafür ist der Gewaltverzicht der Palästinenser sowie der Stopp des israelischen Siedlungsbaus und der Rückzug Israels aus den besetzten Gebieten.

»Ein Freund von mir lebt im Gazastreifen. Zwischen uns liegen 60 Kilometer. Aber wir treffen uns einmal im Jahr in Frankreich. Das ist einfacher.«

DER PALÄSTINENSER JACK NENO ÜBER DEN GRENZZAUN IN BETHLEHEM

Israelische Fischer verlassen die Siedlung Duganit im Gazastreifen. | 2005

Die Räumung der Siedlungen | Scharon entschließt sich zu einem aufsehenerregenden Schritt: Er kündigt an, alle jüdischen Siedlungen im Gazastreifen sowie vier Ortschaften im Westjordanland sofort zu räumen. Die Siedler sind in heller Aufregung und setzen dem Plan heftigen Widerstand entgegen. Keiner kann verstehen, dass ausgerechnet Scharon, der den Siedlungsbau immer gefördert hat, zu diesem Zugeständnis bereit ist. Doch er hat seine Gründe: Zum einen will er die hohen Kosten für den Schutz der Siedlungen einsparen. Zum anderen will er eine bessere Ausgangsposition für alle zukünftigen Verhandlungen erreichen. Schließlich gibt es im Westjordanland und um Ostjerusalem herum große Siedlungsblöcke, die Israel am liebsten behalten möchte. Daher beginnt Israels Regierung 2005 mit der Räumung des Gazastreifens. 6500 Israelis müssen ihre Heimat aufgeben. Nun kommt es zu Handgreiflichkeiten zwischen Soldaten und rebellischen Siedlern, die um keinen Preis ihr Land verlassen wollen. Die *Likud*-Partei spaltet sich darüber. Scharon gründet eine neue Partei, *Kadima,* um seine Pläne umzusetzen.

Belastete Zukunft | Die großen Fragen des Nahostkonflikts sind auch durch die Räumung des Gazastreifens längst nicht gelöst. Weder ist das Schicksal der palästinensischen Flüchtlinge noch das der israelischen Siedlungen im Westjordanland oder der Status von Jerusalem geklärt. Gleichzeitig ist die wirtschaftliche Lage in den von der israelischen Armee abgeriegelten und isolierten Palästinensergebieten dramatisch schlecht. Hohe Arbeitslosigkeit und Armut prägen das Leben der meisten Menschen. Die Versorgung mit Wasser ist nicht ausreichend. Dies führt immer wieder zu einem Erstarken radikal-islamischer Gruppierungen. Vom Gazastreifen aus schießen Extremisten selbstgebaute Raketen in Richtung Israel. Sie suchen Unterschlupf in arabischen Nachbarländern wie Ägypten oder dem Libanon und sorgen damit für weitere Unruhe in der Region. Die *Hamas* als eine der extremsten Untergrundgruppen betätigt sich mittlerweile auch politisch und hat 2006 die palästinensischen Parlamentswahlen gewonnen. Sie steht in heftiger Konkurrenz mit der von Arafats Nachfolger Mahmud Abbas geführten *PLO*. Die von der *Hamas* gestellte Regierung im Gazastreifen wird international geächtet, was die wirtschaftliche Notsituation dort weiter verschärft. Ein dauerhafter Friede bleibt im Nahen Osten daher weiterhin ein Traum.

Kundgebung der Terrorgruppe Islamischer Djihad im Flüchtlingscamp KhanYounis, Gazastreifen | 2008

USA

»Angriff auf die Freiheit« – Der 11. September 2001

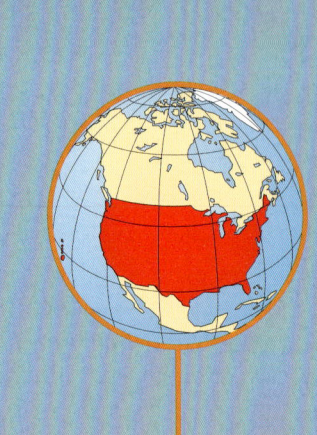

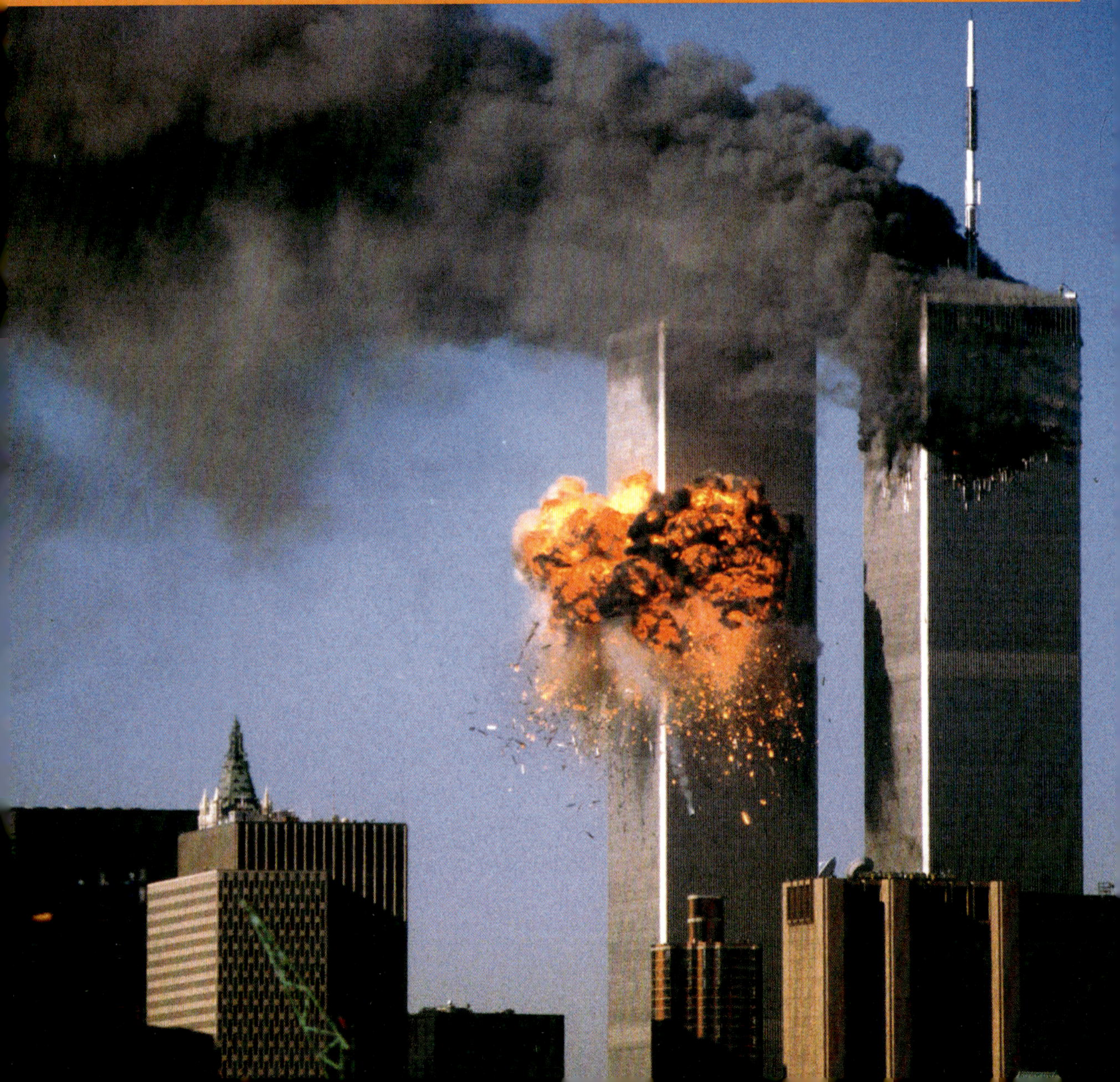

Zunächst glauben die New Yorker noch an ein schreckliches Unglück. Am Morgen des 11. September 2001 rast eine Boeing 757 in den Nordturm des World Trade Centers und explodiert in einem Feuerball. Panik bricht aus, die Menschen fliehen aus ihren Büros – da wird auch der Südturm des Gebäudes von einem Flugzeug getroffen. Jetzt gibt es keinen Zweifel mehr, dass es sich um einen Terroranschlag handelt.

Symbol der Wirtschaftskraft Amerikas | Der 11. September 2001 fängt äußerst verheißungsvoll an. Keine einzige Wolke bedeckt den strahlend blauen Himmel über New York. Die silbrigen Türme des World Trade Centers glitzern in der Sonne. Das 1973 errichtete Gebäude beherrscht mit einer Höhe von mehr als 400 Metern die Skyline von Manhattan. Auf 110 Stockwerken arbeiten rund 14 000 Menschen, das entspricht der Einwohnerzahl einer Kleinstadt. Zahlreiche große Firmen und Institute, Banken und Versicherungen haben hier ihre Büros, auch deutsche Unternehmen wie die Allianz oder die Dresdner Bank. Neben der Freiheitsstatue ist das World Trade Center längst zum zweiten Wahrzeichen New Yorks geworden, Inbegriff der wirtschaftlichen Größe der USA.

Ein unerträglich lautes Geräusch | Im 83. Stock des Nordturms des World Trade Centers sitzt Chuck Allan an seinem Schreibtisch und blickt hinunter auf den Hudson. Ganz in der Ferne, dicht über der George-Washington-Brücke, sieht er einen kleinen Punkt, offenbar ein Flugzeug. Es fliegt niedrig, befindet sich vermutlich auf dem Landeanflug auf den Airport Newark. Chuck Allan schenkt ihm keine weitere Beachtung und wendet sich wieder seinem Computerbildschirm zu. Es ist 8.46 Uhr und er hat noch viel zu erledigen.

Plötzlich zerreißt ein unerträglich lautes Geräusch die morgendliche Stille des Büros. »Was zur Hölle ist das?«, ruft eine Kollegin von nebenan.

Blick von Ellis Island auf das World Trade Center

> »Das ist vermutlich der dreisteste Terroranschlag,
> der jemals auf der Welt verübt wurde.«

US-Luftfahrtexperte Chris Yates

Chuck Allan blickt aus dem Fenster. Er sieht herabstürzende Trümmer, Papier schwebt durch die Luft, eine zähe Flüssigkeit fließt die Scheiben herab. Etwas Schreckliches muss geschehen sein! Der Turm schwankt hin und her, viermal, fünfmal. Es knirscht in den Wänden, Möbel verrutschen, Aktenordner fallen zu Boden, die Mitarbeiter schreien und klammern sich an ihren Schreibtischen fest. Dann herrscht gespenstische Ruhe. Auch die Computerbildschirme sind schwarz, alle Telefonleitungen sind tot.

Die brennenden Twin Towers

Panik und Todesangst | Totenstille. Kein Feueralarm, keine Lautsprecherdurchsagen, nichts. Auf einmal bemerkt Chuck Allan, dass dünner Qualm durch die Türritzen dringt. »Nichts wie raus hier«, ruft er seinen Kollegen zu. Im Treppenhaus riecht es nach Kerosin, alles ist voller Rauch. Die Aufzüge sind außer Betrieb. Allan und seine Mitarbeiter können nur noch die Treppen benutzen. 83 Stockwerke! Panik kommt auf. Schaffen sie es noch rechtzeitig? Es geht quälend langsam voran, denn auch aus den anderen Büros strömen immer mehr Menschen und versuchen, sich ins Freie zu retten. Chuck Allan wirft noch einen letzten Blick aus dem Fenster: Der Platz unten ist mit Trümmern übersät – Stahl, Beton, Glas, Teile von Büroeinrichtungen, daneben eine sonderbare Metallmasse. Etwa das Wrack eines Flugzeugs? Plötzlich sieht Allan mehrere Menschen an sich vorbei in die Tiefe fallen. In den oberen Etagen muss der Zugang zum Treppenhaus versperrt sein. Den Leuten dort bleibt wohl keine andere Möglichkeit, einem qualvollen Tod durch Feuer oder Ersticken zu entgehen, als sich aus dem Fenster zu stürzen. Chuck Allan wird übel. In dem Moment hört er einen zweiten ohrenbetäubenden Knall. Es ist 9.04 Uhr.

Zweiter Turm getroffen | Erst später erfährt Chuck Allan, was an diesem Morgen tatsächlich geschehen ist: Um 8.46 Uhr ist eine Boeing 757 mit 92 Menschen an Bord und einer Geschwindigkeit von 700 Stundenkilometern etwa in Höhe des 96. Stockwerks in den Nordturm des World Trade Centers geprallt. Nachdem man zunächst noch glaubte, es sei ein schreckliches Unglück gewesen, steht 20 Minuten später fest, dass es sich um einen geplanten Anschlag handeln muss: Um 9.04 Uhr ist ein zweites Flugzeug im Südturm explodiert. Das kann kein Zufall sein. Nicht nur die Insassen der beiden Maschinen sterben. Für Hunderte von Menschen in den oberen Etagen des World Trade Centers kommt der Tod, bevor sie überhaupt begreifen können, was passiert ist. Nur wenige Minuten nach dem zweiten Flugzeugeinschlag nehmen Mitarbeiter der US-Bundespolizei FBI die Suche nach den Selbstmordattentätern und den Drahtziehern im Hintergrund auf.

Einsturzursache:
Vor allem auf die Überlastung durch große Hitze zurückzuführen. Bei Temperaturen zwischen 500 und 800 °C wird Stahl weich. Das Stahlskelett gibt langsam nach, da immer mehr Stellen entstehen, die nicht mehr tragfähig sind. Stürzt eine Zwischendecke ein, hält auch die darunterliegende nicht mehr lange stand.

Weitere Anschläge | Doch während die FBI-Leute noch hektisch ihre Informationen sortieren, wird plötzlich ein dritter Terroranschlag gemeldet: Um 9.43 Uhr stürzt ein weiteres entführtes Flugzeug mit 59 Passagieren auf das US-Verteidigungsministerium bei Washington. Es schlägt eine Bresche durch drei Gebäudeteile und löst einen heftigen Brand aus. Und es kommt noch schlimmer: Um 10 Uhr bricht der Südturm des World Trade Centers in einer riesigen Wolke aus Schutt, Staub und Beton zusammen, eine halbe Stunde später gibt auch das Stahlskelett des anderen Turms nach und stürzt ein.

Auf den Straßen rennen die Menschen um ihr Leben. Der New Yorker Bürgermeister ordnet die Evakuierung von ganz Süd-Manhattan an. Zeitgleich wird ein weiterer Flugzeugabsturz in Pennsylvania gemeldet. Weltweit sehen Millionen Menschen fassungslos und erschüttert im Fernsehen mit an, wie die USA angegriffen und damit in ihren Grundfesten erschüttert werden. Man rechnet mit einer fünfstelligen Zahl an Todesopfern. In der Hauptstadt Washington werden alle öffentlichen Gebäude evakuiert, weltweit die US-Streitkräfte in Alarmbereitschaft versetzt.

Flucht vor den Asche- und Schuttwolken nach dem Einsturz

> »Unbekannte Feiglinge haben heute Morgen die Freiheit selbst
> angegriffen. Täuscht euch nicht. Die Vereinigten Staaten
> werden diejenigen, die für diese feigen Taten verantwortlich
> sind, zur Strecke bringen und bestrafen.«

US-PRÄSIDENT GEORGE W. BUSH

Mohammed Atta, der das entführte
Flugzeug in den Nordturm lenkt

Spuren des Terrors | Gegen Mittag entdecken FBI-Leute auf dem Flughafen-
Parkplatz in Boston einen verdächtigen weißen Mitsubishi. Ein Zeuge hat sich
gemeldet: Er hat am Morgen arabisch anmutende Männer vor dem Fahrzeug
gesehen, die sich gestritten haben. Tatsächlich befinden sich in dem Mietwagen
arabische Flugtrainingsbücher und weitere Dokumente. Schon bald sind auch
die Namen der Selbstmordattentäter bekannt: Mohammed Atta, Marwin al-
Shehhi, Zihad Jarrah und Hani Hanjour, sogenannte »Schläfer«. Das ist der neu
geschaffene Begriff für Terroristen, die jahrelang unauffällig gelebt haben und
nie mit dem Gesetz in Konflikt gekommen sind. Alle vier Männer haben sich
durch Flugstunden intensiv auf den Anschlag vorbereitet. Dann sind sie am
Morgen des 11. September als scheinbar harmlose Passagiere in die jeweilige
Maschine gestiegen, haben die Piloten überwältigt und schließlich selbst den
Steuerknüppel übernommen …

Marwin al-Shehhi fliegt die zweite
Maschine, die im Südturm explodiert.

Das Trümmerfeld des World Trade Centers | 2001

Wenig später scheint festzustehen, dass die Flugzeugentführungen das letzte Glied einer Kette von Ereignissen sind. Sie haben sich in den vergangenen Monaten auf die eine oder andere Weise angekündigt, wurden jedoch nicht konsequent genug verfolgt.

Schon 1993 war das World Trade Center Ziel eines Anschlags gewesen. Damals kamen sechs Menschen ums Leben und etwa 1000 wurden verletzt, als in der Tiefgarage des Gebäudes ein mit Sprengstoff beladenes Fahrzeug explodierte. Die Spur führte zu einem jungen Palästinenser, in dessen Wohnung Chemikalien und Lehrbücher für den Bombenbau entdeckt wurden. Als der Geheimdienst nach den Drahtziehern fahndete, geriet vor allem ein Mann in den Fokus der Ermittlungen: Osama bin Laden und sein Terrornetzwerk *El Kaida.*

El Kaida

Der aus dem Arabischen stammende Begriff bedeutet »die Basis«. Ende der 1980er-Jahre entstandenes Terrornetzwerk fundamentalistischer Muslime unterschiedlicher Nationalitäten mit Ausbildungslagern in Afghanistan. Ziele sind die Begründung eines übernationalen muslimischen Gottesstaates und die Vertreibung von Nichtmuslimen aus der arabischen und islamischen Welt.

Der »Heilige Krieg« gegen den »gottlosen« Westen | Osama bin Laden gilt als Schirmherr aller islamistischen Terrorgruppen, die von Afghanistan aus in der ganzen Welt operieren und einen *»Heiligen Krieg«* gegen den angeblich korrupten und gottlosen Westen führen, allen voran gegen die USA. Sie sehen in der kulturellen und wirtschaftlichen Übermacht Amerikas eine moderne Form des Imperialismus und eine Ursache für das wirtschaftliche Elend in der eigenen Welt. Der Islamismus speist sich vor allem aus dem Protest gegen gesellschaftliche Umbrüche in der muslimischen Welt, die Modernisierung und Globalisierung mit sich bringen.

Osama bin Laden werden noch weitere Terroranschläge zugeschrieben: 1995 sterben in Riad sieben US-Soldaten durch eine Autobombe, 1996 explodiert ein Sprengkörper vor einer US-Unterkunft im saudischen Dhahran und tötet 19 amerikanische Soldaten. Amerika ist also vorgewarnt. Einige Geheimdossiers der Regierung haben sich sogar mit Plänen der *El Kaida* beschäftigt, Flugzeuge als Waffen einzusetzen.

Anderen Berichten zufolge soll Osama bin Laden nachweislich vorgehabt haben, auf amerikanischem Boden zuzuschlagen. Der Luftfahrtexperte Chris Yates hegt deshalb keinen Zweifel, wer hinter dem Anschlag auf das World Trade Center steckt: *»Dazu braucht es die Logistik einer unvergleichlichen Terrorgruppe. Und davon gibt es nur wenige. Ich erwähne nur den, der ganz oben auf der Liste steht: Osama bin Laden.«*

Bin Laden richtet eine Fernsehansprache an die USA. | 2001

Osama bin Laden

Er gilt als der eigentliche Drahtzieher des Terroranschlags vom 11. September 2001 und »Kopf« der nebulösen Organisation *El Kaida*: Osama bin Laden. Seit dem Anschlag ist er spurlos verschwunden und niemand weiß, ob er sich irgendwo im Hindukusch versteckt hält oder vielleicht sogar schon längst tot ist.

Widerstand gegen die »Gottlosen«

Als Sohn eines reichen Bauunternehmers wächst Osama bin Laden in luxuriösen Verhältnissen auf. 1974 beginnt der fromme Muslim an der Universität Dschidda ein Ingenieurstudium, das er fünf Jahre später mit dem Diplom abschließt. Viel ist über diese Zeit nicht bekannt, doch Osama bin Laden scheint das Studentenleben in vollen Zügen genossen zu haben.

Das Jahr 1979 wird zum Wendepunkt in seinem Leben. Auslöser sind sowohl die Islamische Revolution im Iran als auch der Einmarsch sowjetischer Truppen in Afghanistan. Osama bin Laden wandelt sich zum religiösen Fanatiker, der den Widerstand gegen die »Gottlosen« organisieren will. Er reist nach Kabul, knüpft Kontakte zu den afghanischen Rebellen und führt ihnen neue Kämpfer zu. Osama bin Ladens Hass richtet sich aber nicht nur gegen die »gottlosen Kommunisten«, sondern ebenso gegen den »dekadenten Westen«, vor allem die USA. Trotzdem ist der amerikanische Geheimdienst *CIA*, der seine Aktivitäten beobachtet, nicht weiter beunruhigt. Schließlich unterstützen die USA selbst den afghanischen Widerstand gegen die Sowjetunion.

Ausbildung in Terrorcamps

Als die Sowjets 1989 ihre letzten Soldaten aus Afghanistan abziehen, kehrt bin Laden zurück nach Saudi-Arabien. Zunächst kümmert er sich um seine Geschäfte und häuft ein gewaltiges Vermögen an. Doch dann überwirft er sich mit dem saudi-arabischen Königshaus, das nach dem Einmarsch des Irak in Kuwait US-Truppen ins Land lässt. 1992 muss Osama bin Laden sein Heimatland verlassen und geht in den Sudan, um von dort aus den Kampf gegen den Westen fortzusetzen. Allmählich schöpft man auch in den USA Verdacht und vermutet bin Laden als Drahtzieher des Bombenanschlags auf das World Trade Center 1993. Als der Sudan Osama bin Laden auf Druck der USA ausweist, geht dieser zurück nach Afghanistan, wo inzwischen die strenggläubigen Taliban die Herrschaft übernommen haben. Mit ihnen plant Osama bin Laden einen »Heiligen Krieg« gegen die »Ungläubigen«. Er gründet das Terrornetzwerk *El Kaida*, welches zahlreiche Anschläge verübt.

Nach dem eher schleppenden Beginn seiner Amtszeit wird der republikanische US-Präsident George W. Bush 2001 zum Anführer eines »Kreuzzugs« gegen den islamistischen Terrorismus. Bis dahin stand er stets im Schatten seines Vaters, des ehemaligen US-Präsidenten George H.W. Bush.

Der wiedergeborene Christ

Von Anfang an steht fest, dass George W. Bush einmal in die Fußstapfen seines Vaters treten soll, der durch das Ölgeschäft zu Geld gekommen ist. Der 15-Jährige besucht dasselbe Internat in Massachusetts, jedoch nur mit mäßigem Erfolg. Trotzdem ist es selbstverständlich, dass er anschließend an der Elite-Universität Yale studiert. Nach seinem Abschluss im Sommer 1968 bewirbt sich Bush bei der Nationalgarde in Texas, wohl auch, um dem Einsatz im Vietnamkrieg zu entgehen. Dass er trotz langer Warteliste sofort aufgenommen und zum Kampfpiloten ausgebildet wird, hat möglicherweise mit dem politischen Einfluss seines Vaters zu tun. Es folgt ein Besuch an der Harvard Business School, der traditionellen Ausbildungsstätte für künftige Unternehmer, dann endlich der Einstieg ins Ölgeschäft. 1977 lernt Bush die Bibliothekarin Laura Welch kennen und heiratet sie zwei Monate später. Doch es gibt auch eine Kehrseite: Bush hat massive Alkoholprobleme. Unter dem Einfluss des Predigers Billy Graham wendet er sich der Religion zu und beschließt im Sommer 1986, nie wieder Alkohol zu trinken. »Ich habe Gott gefunden«, begründet er diesen Schritt. Damit gehört George W. Bush zu den rund 60 Millionen US-Amerikanern, die sich als »wiedergeborene Christen« bezeichnen.

Auf dem Weg zur Macht

Er zieht sich aus dem Ölgeschäft zurück und wird Miteigentümer eines bekannten Sportteams. Politisch aber folgt er dem Beispiel seines Vaters, der von 1988 bis 1992 Präsident der Vereinigten Staaten ist. George W. Bush entschließt sich, für das Amt des Gouverneurs von Texas zu kandidieren. Die Tatsache, dass er 1994 gewählt und 1998 wiedergewählt wird, scheint eine Empfehlung für höhere Aufgaben zu sein. In einem Kopf-an-Kopf-Rennen mit dem Demokraten Al Gore erringt er bei den Präsidentschaftswahlen im November 2000 den Sieg. Doch der neue US-Präsident kann zunächst keine wirklichen politischen Akzente setzen. Vor allem seine Außenpolitik wird als schwach oder sogar als »nicht existent« kritisiert. Das ändert sich erst mit den Terroranschlägen vom 11. September 2001 und den anschließenden Kriegen in Afghanistan und im Irak.

1946 Geburt in New Haven/Connecticut
1964–1968 Geschichtsstudium
1968–1973 Pilot bei der Nationalgarde
1973–1975 Harvard Business School
1975 Einstieg ins Ölgeschäft
1986 Christliches Erweckungserlebnis
1994–2000 Gouverneur von Texas
2001–2009 Präsident der Vereinigten Staaten

Ein Überlebender des Terroranschlags

Verwirrung und Entsetzen | Noch aber steht Amerika unter Schock, noch sind die Hintermänner nicht ausgemacht. US-Präsident George W. Bush tritt vor die Fernsehkameras und hält eine kurze Ansprache: »*Wir haben heute eine nationale Tragödie erlitten. Zwei Flugzeuge sind in einem offensichtlichen terroristischen Anschlag in das World Trade Center gerast. (…) Ich werde eine vollständige Untersuchung einleiten und diejenigen aufspüren, die diese Tat ausgeführt haben. Terrorismus gegen unser Land wird keine Zukunft haben. Gott segne die Opfer, ihre Familien und Amerika.*«

Die ganze Welt ist entsetzt. Der deutsche Bundeskanzler Gerhard Schröder spricht am Abend dem amerikanischen Volk sein Beileid aus. Er bezeichnet die Terroranschläge als »*Kriegserklärung gegen die gesamte zivilisierte Welt*« und sichert den Vereinigten Staaten die »*uneingeschränkte Solidarität*« zu.

Bei dem Anschlag auf das World Trade Center kommen 2749 Menschen ums Leben. Weltweit stehen die Menschen unter Schock. An vielen Orten rund um den Erdball legen die Leute am Tag nach dem Attentat die Arbeit für eine Schweigeminute nieder oder nehmen an Gedenkfeiern teil. Die große Trauerfeier im Footballstadion von New York wird von der Bevölkerung in ganz Amerika im Fernsehen mitverfolgt.

Neben der Trauer um die vielen Toten des Anschlags beherrscht ein Gefühl der Ohnmacht und Bedrohung die US-Bürger: Der 11. September 2001 hat den Glauben daran zerstört, im eigenen Land in Sicherheit zu sein.

Ein Feuerwehrmann ruft nach weiteren Hilfskräften.

Die Hintermänner | Mit der Zeit kommen immer mehr Einzelheiten über den Anschlag ans Tageslicht. Ein Terroristen-Handbuch taucht auf, das im Mai 2000 in Manchester in der Wohnung eines flüchtigen Islamisten gefunden wurde. Auf 180 Seiten werden genaue Anweisungen für die Ausführung eines Selbstmordattentats erteilt.

Schon im November 2001 können die US-Behörden einen scheinbaren Beweis dafür liefern, dass Osama bin Laden tatsächlich die Anschläge geplant hat. Auf einem verrauschten und verwackelten Video ist offenbar der Terroristenführer zu sehen und zu hören: »*Wir berechneten im Voraus die Zahl der Opfer unter den Feinden, die aufgrund der Position der Türme getötet werden würden*«, sagt er zu seinem Gesprächspartner.

»*Wir rechneten damit, dass drei oder vier Stockwerke getroffen werden würden. Ich war der Optimistischste von allen. Dank meiner Erfahrungen auf diesem Gebiet ging ich davon aus, dass das Feuer nach der Explosion des Flugzeugtreibstoffes die Stahlkonstruktion des Gebäudes schmelzen und die Türme an der Einschlagstelle und die Stockwerke darüber zum Einsturz bringen würde. Das war alles, was wir uns erhofften.«*

Feuerwehrleute nach ihrem Einsatz am »Ground Zero«

Die Folgen | Die Echtheit des Videos ist umstritten, doch für US-Präsident George W. Bush steht ohnehin schon kurz nach dem Anschlag fest, dass sich sowohl Osama bin Laden selbst als auch sein Terrornetzwerk *El Kaida* irgendwo im Hindukusch aufhalten müssen.

»Wir werden das Böse auf dieser Welt eliminieren«, kündigt er an und beginnt nur einen Monat später seinen *»Krieg gegen den Terror«* mit der Bombardierung Afghanistans. Über tausend Männer, die man als Anhänger der *El Kaida* verdächtigt, werden willkürlich festgenommen und in Guantánamo (Kuba) inhaftiert. Die Rechte als Kriegsgefangene bleiben ihnen verwehrt, die Haftbedingungen sind schlimm. In den wenigsten Fällen gibt es eine ordentliche Gerichtsverhandlung. Es kommt zu internationalen Protesten wegen dieser schweren Verletzungen des Menschen- und des Völkerrechts. Obwohl der seit 2009 amtierende US-Präsident Barack Obama eine schnelle Auflösung des Gefangenenlagers versprochen hatte, besteht es bis heute. Nur wenige internationale Staaten sind bereit, die freigelassenen Gefangenen aufzunehmen. 2010 akzeptiert die deutsche Regierung nach langem Hin und Her, zwei ehemaligen Insassen aus Guantánamo Asyl zu gewähren.

Das Schlagwort vom *»Krieg gegen den Terror«* dient eineinhalb Jahre nach der US-Invasion in Afghanistan auch als Begründung für den Angriff auf den Irak. Trotzdem können weitere Terroranschläge durch *El Kaida* nicht verhindert werden: Nun rücken europäische Städte – Madrid im März 2004, London im Juli 2005, Dortmund und Koblenz im Juli 2006 – ins Visier der Attentäter.

Der *»Krieg gegen den Terror«* dauert bis heute an: Neun Jahre nach dem 11. September 2001 befinden sich noch immer US-Soldaten und internationale Truppen in Afghanistan und im Irak.

Guantánamo

Eigentlich *Guantanamo Bay Naval Base*. Der Marinestützpunkt des US-Militärs liegt in der Bucht von Guantánamo auf Kuba. Das Gelände haben die USA seit 1903 von Kuba gepachtet. Nach dem Anschlag vom 11. September 2001 richten die USA hier drei Gefangenenlager für sogenannte *»feindliche Kämpfer«* ein.

An der »Wall of Prangers« hängen Fotos von Vermissten.

Bei allen aufsehenerregenden und schrecklichen Anschlägen, deren Hintergründe zumindest aus Sicht der Öffentlichkeit nicht vollständig aufgeklärt werden, nehmen fragwürdige Mutmaßungen überhand. Das ist beim Attentat des 11. September 2001 nicht anders.

Die Tatsache, dass Osama bin Laden in kürzester Zeit als Haupttäter ausgemacht wird, veranlasst einige Verschwörungstheoretiker dazu, den Spieß einfach umzudrehen: Wenn die US-Regierung so schnell den Drahtzieher der Anschläge präsentieren kann, dann muss sie doch vorher davon gewusst haben! Tatsächlich hatte der amerikanische Geheimdienst *CIA* schon vor dem 11. September von möglichen Tätern und Anschlagsplänen erfahren. Diese Hinweise waren jedoch sehr unbestimmt und wurden nicht konsequent genug verfolgt. Jetzt aber heißt es, die US-Regierung hätte die Anschläge bewusst zugelassen, um damit künftige Militäreinsätze in Afghanistan und im Irak zu rechtfertigen. Andere vermuten sogar, Osama bin Laden arbeite in Wirklichkeit für die *CIA*. Schließlich hat er in den 1980er-Jahren die afghanischen Rebellen ebenso unterstützt wie die USA. Daraus wird nun kurzerhand eine heimliche Zusammenarbeit konstruiert.

Trügerische Bilder

Eine weitere Theorie besagt, in Wahrheit sei gar kein Flugzeug ins Pentagon gestürzt, vielmehr sei das US-Verteidigungsministerium von einer Rakete beschossen worden. Als Beweis dienen Fotos vom Tatort. Sie zeigen, dass der beschädigte Bereich an der Gebäudefront schmaler ist als die Spannweite der Boeing 757. Des Rätsels Lösung: Schon vor dem Aufschlag auf das Pentagon ist ein Flügel der Maschine abgerissen.

In höchstem Maß fragwürdige antiisraelische und antisemitische Verschwörungstheorien behaupten, dass der israelische Geheimdienst *Mossad* Auftraggeber der Anschläge und Israels Regierung über die Anschlagspläne informiert war.

Das Pentagon in Washington nach dem Anschlag am 11. September 2001

Als die Zwillingstürme des World Trade Centers in einer Wolke aus Staub und Asche zusammenstürzen und ein rauchendes Trümmerfeld hinterlassen, ist schon wenig später vom »Ground Zero« die Rede. Dieser Begriff stammt aus der Militärsprache und bezeichnet die Explosionsstelle einer Bombe.

Ort der Trauer

Ground Zero wird für ganz New York ein Ort der Trauer und des fassungslosen Entsetzens. Zahllose Angehörige, Freunde und Bekannte der Opfer kommen hierher. Sie befestigen Fotos der Opfer, Briefe und kleine Erinnerungsstücke an den Absperrgittern, die das über sechs Hektar große Gelände umgeben. Manche hängen auch Vermisstenanzeigen auf in der verzweifelten Hoffnung, die Gesuchten vielleicht doch noch lebend wiederzufinden. Doch schon bald ist die Rede davon, das World Trade Center an derselben Stelle neu aufzubauen. Im Oktober 2001 beginnt die Räumung des rauchenden Trümmerfelds, was ein äußerst sensibles Vorgehen erfordert. Niemand weiß, wie viele Menschen unter den Schuttmassen begraben liegen. Ständig stoßen die Arbeiter auf Leichenteile. Manche können schließlich durch DNA-Analysen identifiziert werden, andere nicht. Von mehr als tausend Opfern jedoch gibt es gar keine Spur mehr. Nach acht Monaten sind die Aufräumarbeiten abgeschlossen.

Am 11. September 2002 herrscht um 8.46 Uhr überall Stille in New York. Nach dieser Schweigeminute werden am *Ground Zero* die Namen aller Opfer verlesen. Jahr für Jahr wird diese Gedenkfeier nun abgehalten – bis heute.

One World Trade Center

2007 beginnt man mit dem Bau des neuen Gebäudekomplexes, der aus vier Türmen bestehen soll. Der mehrfach überarbeitete Entwurf stammt von dem bedeutenden amerikanischen Architekten David Childs. Die künftige Anlage wird *One World Trade Center* heißen und nicht, wie ursprünglich geplant, *Freedom Tower*.

Mit 541 Meter Höhe und 105 Stockwerken soll das Hauptgebäude einmal das größte Gebäude New Yorks und der ganzen USA werden. Die Fertigstellung ist für 2012 oder 2013 geplant. In der Mitte des Komplexes wird eine Gedenkstätte für die Todesopfer entstehen.

Gedenkfeier am Ground Zero | 11. September 2002

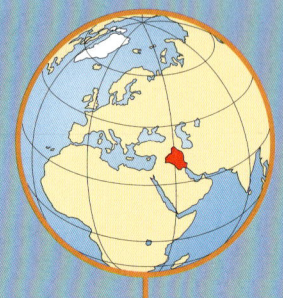

IRAK

»Bomben auf Bagdad« – Krieg gegen den Irak

Mit den Anschlägen vom 11. September 2001 gerät auch der irakische Diktator Saddam Hussein in Verdacht, islamistische Terroristen zu unterstützen. Ein Krieg gegen den Irak wird somit immer wahrscheinlicher, obwohl Kritiker politische Bedenken anmelden. Erst als die USA angebliche Beweise dafür präsentieren, dass Saddam Hussein in Besitz von Massenvernichtungswaffen ist, kann im März 2003 der lang geplante Militärschlag durchgeführt werden.

Vergeblicher *»Enthauptungsschlag«* | In Bagdads Straßen herrscht ängstliche Stille. Um Mitternacht ist das Ultimatum der USA verstrichen. Sie hatten verlangt, dass Saddam Hussein binnen 48 Stunden das Land verlässt. Das hat er erwartungsgemäß abgelehnt. Besteht trotzdem noch Hoffnung auf eine friedliche Lösung? In den frühen Morgenstunden des 20. März 2003 schlagen um 5.35 Uhr die ersten Bomben in Bagdad ein. Der Krieg hat begonnen. Die ersten Luftangriffe galten hauptsächlich Saddam Hussein selbst. Mit der Bombardierung seines Präsidentenpalastes und anderer mutmaßlicher Schlupflöcher soll das Land durch einen *»Enthauptungsschlag«* von dem Diktator befreit werden. Während der Bombenregen über Bagdad niedergeht, verstecken sich die Menschen in ihren Häusern. In einer Fernsehansprache ruft Saddam Hussein Bevölkerung und Militär zum Widerstand auf und verspricht seinen Landsleuten die sichere Niederlage der *»amerikanischen Teufel«*.

Bagdad während des Raketenangriffs

> »Wir werden nicht zögern, allein zu handeln und, falls nötig, unser Recht auf Selbstverteidigung präventiv ausüben.«

NATIONALE SICHERHEITSSTRATEGIE DER USA, SEPTEMBER 2002

Suche nach Kriegsgründen | In Amerika sieht man das natürlich genau umgekehrt. Seit den Anschlägen vom 11. September 2001 herrscht bei der US-Regierung die Überzeugung, dass auch Saddam Hussein Verbindungen zu dem mysteriösen Terrornetzwerk *El Kaida* unterhält und deshalb ausgeschaltet werden muss. Vor allem Verteidigungsminister Donald Rumsfeld und sein Stellvertreter Paul Wolfowitz drängen auf einen baldigen Krieg gegen den Irak.

Paul Wolfowitz
Geb. 1943 in Brooklyn, politischer Berater von US-Präsident George W. Bush und stellvertretender Verteidigungsminister. Verfasser einer neuen globalen US-Militärstrategie, die Präventivschläge gegen sogenannte »Schurkenstaaten« vorsieht, und damit einer der *Drahtzieher* des Irakkrieges.

Außenminister Colin Powell hingegen ist anderer Meinung. Wie soll man diesen Krieg überhaupt begründen? Außer verschwommenen Vermutungen gibt es keinerlei handfeste Beweise dafür, dass Saddam Hussein mit den islamistischen Terroristen gemeinsame Sache macht. Doch Donald Rumsfeld lässt nicht locker. Er will aller Welt unbedingt zeigen, dass die USA keineswegs so ohnmächtig sind, wie es bei den Anschlägen vom 11. September den Anschein hatte. Dazu aber braucht er den Beweis, dass die Armee der Vereinigten Staaten jederzeit in der Lage ist, es mit sämtlichen Diktatoren und Terroristen auf der ganzen Welt aufzunehmen.

Krisensitzung der US-Regierung: Bush, Powell, Rumsfeld und Wolfowitz in Camp David | September 2001

UN-Waffeninspektoren kontrollieren eine Militärbasis in Balad. | 2002

»Die tödlichsten Waffen, die es gibt« | Kritiker äußern Bedenken: Was geschieht mit dem Irak der Nachkriegszeit, wenn der Diktator beseitigt ist? Muss nicht das gewaltsame Ende des Regimes das ganze Land ins Chaos stürzen? Immerhin ist der Irak nur nach außen hin eine einheitliche Nation. Das Land wurde erst nach dem Ersten Weltkrieg auf dem Reißbrett geschaffen. Hier leben Araber, Turkmenen, die Kurden im Norden sowie andere Minderheiten, deren traditionelle Unterschiede so groß sind, dass man kaum von einer nationalen Einheit sprechen kann.

Massive Spannungen gibt es auch zwischen den religiösen Gruppen der Schiiten und Sunniten. Drohen diese Konflikte nicht zwangsläufig in einen Bürgerkrieg auszuarten? Doch die Befürworter eines Militärschlags in der US-Regierung schlagen derlei Warnungen in den Wind. Ihr Argument: Der Irak ist nicht nur eine Zufluchtsstätte internationaler Terroristen, Saddam Hussein soll auch Massenvernichtungswaffen besitzen, die Frieden und Freiheit in der ganzen westlichen Welt bedrohen: »*Das irakische Regime besitzt nach wie vor die tödlichsten Waffen, die es auf Erden gibt*«, erklärte Präsident George W. Bush. Vizepräsident Dick Cheney vermutet sogar, der Irak sei in Besitz der Atombombe. Im Sommer 2002 verdichten sich die Anzeichen für einen bevorstehenden Angriff der USA.

Noch aber fehlen handfeste Beweise für die tatsächliche Existenz der Massenvernichtungswaffen. Waffeninspektoren der *Vereinten Nationen (UN)* durchkämmen den Irak nach Verstecken und Produktionsstätten, werden aber nicht fündig. Trotzdem erklärt Donald Rumsfeld vor der Presse: »*Wir wissen, wo sich die irakischen Massenvernichtungswaffen befinden.*«

UN-Waffeninspektionen

Den Golfkrieg 1991 verliert der Irak gegen eine von den USA geführte Koalition. Das Land muss sich zur vollständigen Abrüstung von Raketen und Massenvernichtungswaffen verpflichten. Bis 1998 überwachen UN-Waffeninspektoren diese Abrüstung, die aber nicht vollständig gesichert ist. Deshalb entsendet der *UN-Sicherheitsrat* 2002 erneut Waffeninspektoren in den Irak.

Zwischen 1979 und 2003 regiert Saddam Hussein den Irak mit eiserner Faust. Er richtet eine Diktatur ein, in der Verwandte und Freunde die wichtigsten Positionen im Staat einnehmen. Hussein selbst ist Präsident und Ministerpräsident der Republik, Vorsitzender des Revolutionären Kommandorates, Oberbefehlshaber der Streitkräfte und Generalsekretär der *Baath*-Partei. Jede politische Opposition wird durch Folter und Hinrichtungen verhindert. Der Terror trifft Husseins Gegner aus der *Baath*-Partei, aber auch Kurden und Schiiten.

Die Baath-Partei

Die *Baath*-Partei (deutsch: Wiedererweckung) tritt ursprünglich ein für die Freiheit der Rede, für die Religions- und Versammlungsfreiheit. Unter Saddam Hussein verwandelt sich die Organisation in ein Macht- und Kontrollinstrument gegen das eigene Volk. Der Diktator verfügt über ein Geheimdienstnetz, dessen Spitzel bis in die letzten Ecken des Landes vordringen. In den einzelnen Wohnbezirken wacht jeweils der *Muchtar* über das Wohlverhalten der Nachbarn. Die *Baath*-Partei steht mittlerweile unter der Herrschaft des Familienclans Saddam Husseins. Dazu gehören vor allem seine Söhne Udai und Kasai, aber auch andere Verwandte.

Rechtsstaatlichkeit und Menschenrechte sind Fremdworte im Irak. Laut Schätzungen von *Amnesty International* werden nach der Machtergreifung der *Baath*-Partei im Jahr 1968 rund drei Millionen Menschen hingerichtet. Die Diktatur Saddam Husseins und der *Baath*-Partei führt zu einem gewaltigen Aderlass. Bis zu fünf Millionen Iraker, also 15 Prozent der Bevölkerung, verlassen das Land, allen voran Intellektuelle. Dabei war der Irak noch bis in die 1970er-Jahre das Land im Vorderen Orient mit den meisten Akademikern.

Massengrab mit den Überresten von Regimekritikern

Unterdrückung der kurdischen Minderheit

Auch religiöse und ethnische Gruppen erfahren Unterdrückung und Verfolgung. 15 Prozent der irakischen Bevölkerung sind Kurden, die im Norden des Iraks leben. Die Kurden fordern das Recht auf nationale Selbstbestimmung, teilweise auch mit Aufständen gegen die Regierung in Bagdad. Das Regime Husseins geht wiederholt brutal gegen sie vor.

Vor allem während des Krieges des Iraks gegen den Iran (1980–1988) nimmt die politische Gewaltanwendung gegenüber den Kurden zu. Große Teile ihrer Siedlungsgebiete, die an der Grenze zum Iran liegen, werden abgesperrt und vermint. Viele kurdische Städte und Dörfer werden zerstört, schätzungsweise 400 000 Menschen verschleppt. 1988 ermordet das irakische Militär 60 000 Kurden. Sinnbild für die Grausamkeit dieses Völkermordes ist die Stadt Helabdscha: Am 16./17. März 1988 wird der Ort Ziel eines Giftgasangriffs, bei dem 5000 Menschen sofort sterben und 7000 weitere an den Spätfolgen.

Friedhof von Helabdscha für die Opfer des Giftgasangriffs | 1988

 Nach dem Sieg der westlichen Alliierten über den Irak im Golfkrieg 1991 erheben sich die Kurden erneut gegen das Regime Husseins. Doch der Aufstand wird mit äußerster Brutalität niedergeschlagen und eine Massenflucht von rund zwei Millionen Menschen in Richtung Türkei und Iran beginnt. Mehr als 20 000 Menschen sterben auf der Flucht, vor allem durch Minenexplosionen. Daraufhin wird eine verhältnismäßig sichere UN-Schutzzone im Norden des Iraks eingerichtet, in der man den Kurden weitgehende Selbstverwaltung zusichert.

Schiiten und Sunniten

Obwohl Sunniten und Schiiten Muslime sind, gibt es zwischen den Anhängern beider Glaubensrichtungen Konflikte. Das weltlich geprägte Regime des Sunniten Hussein terrorisiert die schiitischen Iraker. Obwohl die Schiiten die Bevölkerungsmehrheit stellen, fühlen sie sich wirtschaftlich benachteiligt. Sie werden häufig in ihrer Religionsausübung behindert und politisch unterdrückt. Wiederholt kommt es deshalb zu Unruhen, zum Beispiel während des Golfkrieges 1991. In der Folgezeit ermordet Husseins Republikanische Garde Zehntausende schiitischer Rebellen. Traurige Berühmtheit erlangt das sogenannte *Massaker von Dudschail:* Nach einem misslungenen Attentat auf Saddam Hussein in der schiitischen Stadt Dudschail 1982 kommt es zu einem massiven Vergeltungsschlag: Mehr als 600 Menschen werden festgenommen und ins Gefängnis der Geheimpolizei nach Bagdad verschleppt. 148 von ihnen werden nie wieder gesehen. Wegen dieses Verbrechens verurteilt ein irakisches Gericht den Diktator 24 Jahre später zum Tod.

Flüchtlingscamp irakischer Kurden | 1991

»Der Irak besitzt chemische und biologische Waffen. (...) Seine Raketen sind binnen 45 Minuten einsatzbereit.«

TONY BLAIR, BRITISCHER PREMIERMINISTER, SEPTEMBER 2002

Die »Beweise« | Unterdessen suchen die USA nach Verbündeten. Vor allem Großbritannien, aber auch Spanien und einige Länder Osteuropas treten der *»Koalition der Willigen«* bei. Deutschland, Frankreich, Belgien und Russland verkünden, dass sie sich der Allianz nicht anschließen werden. Auch die *Vereinten Nationen* äußern sich angesichts fehlender Beweise für das Vorhandensein von Massenvernichtungswaffen im Irak eher skeptisch. Doch ohne UN-Mandat wäre ein Krieg gegen den Irak völkerrechtswidrig.

Aber dann präsentiert ausgerechnet Colin Powell am 5. Februar 2003 vor dem *UN-Sicherheitsrat* die geforderten »Fakten«: *»Saddam Hussein hat Forschungen an biologischen Erregern betreiben lassen, die Krankheiten wie Milzbrand, Pest, Typhus, Cholera, Pocken und Gelbfieber auslösen können«*, erklärt er. Als »Beweis« zeigt Powell ein paar Zeichnungen und geheimnisvolle Luftbildaufnahmen, auf denen man jedoch nichts erkennen kann. Auch der Tonbandmitschnitt eines Gesprächs zwischen irakischen Offizieren bleibt unverständlich. Ein UN-Mandat wird auf Grundlage dieser »Beweise« nicht erteilt.

Colin Powell

Geb. 1937 in New York, als General in der US-Armee an den Vorbereitungen des Ersten Irakkrieges beteiligt. 2000–2004 US-Außenminister. Gemäßigter Gegenspieler zu Donald Rumsfeld, muss jedoch den Zweiten Irakkrieg unterstützen. Bedauert später seine Rede vor dem *UN-Sicherheitsrat,* die er als *»Schandfleck«* in seiner Karriere bezeichnet.

Colin Powell präsentiert dem UN-Sicherheitsrat Belastungsmaterial gegen den Irak. | 5. Februar 2003

Demonstration in Berlin gegen den drohenden Irakkrieg

Antikriegskundgebungen | Auf der ganzen Welt wissen die Menschen die Rede Powells zu deuten: Ein Militärschlag gegen den Irak – auch ohne UN-Mandat – rückt immer näher. Bei Protestkundgebungen werden auch Stimmen laut, die den USA unterstellen, sich mit dem Angriff Zugang zu den irakischen Ölquellen verschaffen zu wollen.

In Deutschland rufen für den 15. Februar 2003 Friedens- und Menschenrechtsgruppen, Kirchen, Gewerkschaften sowie parteinahe Organisationen zu Demonstrationen gegen den drohenden Krieg auf. Allein in Berlin versammeln sich an diesem Tag 500 000 Menschen an der Siegessäule. Es ist die größte Kundgebung in der Geschichte der Bundesrepublik. Die Menschen tragen Plakate und Transparente mit der Aufschrift »*Nein zum Krieg gegen den Irak*«, »*Kein Bush-Feuer, sonst Flächenbrand*« und »*Kein Blut für Öl*«. Auch einige Bundesminister nehmen an der Kundgebung teil, darunter Umweltminister Jürgen Trittin und Entwicklungsministerin Heidemarie Wieczorek-Zeul. Weltweit sind am 15. Februar Millionen Menschen auf der Straße, auch in New York, London, Paris und Ankara.

Doch am 17. März verkündet US-Präsident Bush, das »*Fenster der Diplomatie*« sei geschlossen. Wenige Stunden später wendet er sich in einer Fernsehansprache an die amerikanische Bevölkerung und verkündet sein letztes Ultimatum an Saddam Hussein. Die Welt hält den Atem an. Was wird Hussein tun, was wird Bush tun? Am Morgen des 20. März melden die Nachrichtensender: Der völkerrechtswidrige Krieg gegen den Irak hat begonnen!

Saddam Hussein

Mehr als zwei Jahrzehnte lang steht Saddam Hussein als Staatspräsident an der Spitze des Iraks. Der Diktator lässt alle Regimegegner rücksichtslos ausschalten und treibt sein Land in den politischen und wirtschaftlichen Ruin.

Aufstieg aus einfachen Verhältnissen

Saddam Hussein wird 1937 in Tikrit geboren. Er stammt aus einfachen Verhältnissen, wächst ohne seinen Vater auf und wird daher vom Onkel großgezogen, einem glühenden arabischen Nationalisten. Das prägt auch Saddam Husseins Weltbild auf ganz entscheidende Weise. Nach dem Besuch der höheren Schule schließt er sich der *Baath*-Partei an und beteiligt sich an einem Putsch gegen General Kassem, der nach der Entmachtung König Faisals an der Staatsspitze steht. Doch der Anschlag missglückt. Saddam Hussein flieht nach Kairo und beginnt Jura zu studieren. Seine politischen Ambitionen aber gibt er nicht auf. Nach Kassems Sturz 1963 kehrt der 26-jährige Hussein in den Irak zurück, wo er zur Führungsclique der *Baath*-Partei gehört. Damit beginnt sein politischer Aufstieg. Als die Partei 1968 die Macht übernimmt, rückt Saddam Hussein zum stellvertretenden Generalsekretär auf und wird 1979 Staatspräsident des Iraks. Von Anfang an schaltet er politische Gegner rücksichtslos aus und schreckt selbst vor Morden an Familienangehörigen nicht zurück. Der Irak wird zum Überwachungsstaat, dessen Folterkeller berüchtigt sind.

1937 Geburt in Tikrit

1957 Eintritt in die Baath-Partei

1959 Flucht nach Kairo

1963 Rückkehr in den Irak

1968 Stellvertretender Generalsekretär der Baath-Partei

1979–2003 Staatspräsident des Iraks

2005/06 Prozess in Bagdad

2006 Hinrichtung in al-Kadhimiya/Irak

Die Kriege des Diktators

Saddam Hussein beginnt einen erbitterten Krieg gegen den benachbarten »*Gottesstaat*« Iran. Dieser Krieg wird erst 1988 eingestellt, nachdem er auf beiden Seiten zahllose Opfer gefordert hat. Finanziell steht der Irak vor dem Ruin. Trotzdem bricht der Diktator mit dem Einmarsch in Kuwait nur zwei Jahre später einen weiteren Krieg vom Zaun. Obwohl sich Saddam Hussein Anfang 1991 der militärischen Übermacht der USA und ihrer Verbündeten beugen muss, kann er seine Machtposition aufrechterhalten: Das Land liegt zwar wirtschaftlich am Boden, doch die Bevölkerung steht hinter ihm. Die Schuld für die schlimme Lage lenkt er geschickt auf die USA. Außenpolitisch aber hat Saddam Hussein keine Gestaltungsmöglichkeiten mehr. Nach dem Terroranschlag vom 11. September 2001 gerät er ins Fadenkreuz der USA, die seiner Herrschaft mit dem Zweiten Irakkrieg 2003 ein Ende setzen. Im Dezember 2003 gelingt es, den Exdiktator in seinem Versteck nahe Tikrit ausfindig zu machen. Saddam Hussein wird wegen seiner Verbrechen gegen die Menschlichkeit angeklagt, zum Tode verurteilt und hingerichtet.

Donald Rumsfeld

Spätestens seit dem Terroranschlag vom 11. September 2001 gehört US-Verteidigungsminister Donald Rumsfeld zu den größten Befürwortern eines Krieges gegen den Irak. Selbst vor Täuschungsmanövern schreckt er nicht zurück.

Steile Karriere

Nach dem Politikstudium an der Universität Princeton absolviert der junge Rumsfeld zunächst eine Ausbildung zum Marineflieger. Dann steigt er ins Bankgeschäft ein. Hier knüpft er die notwendigen Kontakte für seine künftige politische Karriere. 1962 zieht der 30-jährige Rumsfeld erstmals für die Republikaner ins Repräsentantenhaus ein und wird mehrmals wiedergewählt. Im November 1975 ernennt US-Präsident Gerald Ford ihn zum Verteidigungsminister. Er fordert höhere Rüstungsausgaben, um mit der Sowjetunion gleichzuziehen.

Doch seine Amtszeit dauert nur etwas mehr als ein Jahr. Als Jimmy Carter im Januar 1977 neuer Präsident der USA wird, setzt Rumsfeld seine Karriere gezwungenermaßen in der freien Wirtschaft fort und wird Vorstandsmitglied mehrerer Pharmakonzerne. Und doch zieht er sich nicht ganz aus der Politik zurück.

Befürworter von Militärschlägen

Nach den Präsidentschaftswahlen Ende 2000 holt George W. Bush den Vertreter der »harten Linie« erneut als Verteidigungsminister ins Kabinett. Der Terroranschlag vom 11. September 2001 ermöglicht Rumsfeld die Durchführung seiner militärischen Ziele. Nach der Invasion in Afghanistan betreibt er zielstrebig einen Krieg gegen den Irak. Zur Begründung nennt er die angebliche Existenz irakischer Massenvernichtungswaffen. Die Richtigkeit seiner Position stellt Donald Rumsfeld niemals infrage. Kritik lässt er an sich abprallen, ganz gleich, ob es um fehlende Pläne für einen Nachkriegs-Irak geht oder um die Foltervorwürfe im Bagdader Gefängnis *Abu Ghraib*. Als Basra im Sommer 2003 von Teilen der irakischen Bevölkerung geplündert wird, erklärt er nur, das sei die logische Folge der neuen Freiheit der Iraker. Rücktrittsforderungen weist er energisch von sich. Nach Bushs Wiederwahl kommt er erneut ins Kabinett, tritt aber nach der Niederlage der Republikaner bei den Kongresswahlen im November 2006 dann doch zurück. Zwei Jahre später ergibt die Untersuchung eines US-Senatsausschusses, dass Donald Rumsfeld direkt für die Misshandlungen irakischer Gefangener im Militärgefängnis *Abu Ghraib* verantwortlich ist und die umstrittenen Verhörmethoden selbst genehmigt hat.

1932 Geburt in Chicago

1954 Abschluss Politikstudium in Princeton

1954–1957 Marineflieger bei der Navy

1962 Abgeordneter im Repräsentantenhaus

1973/74 US-Gesandter bei der NATO in Brüssel

1975–1977, 2001–2006 US-Verteidigungsminister

US-Soldaten stürmen einen Palast Husseins.

Die Invasion | Während die Bodentruppen der westlichen Verbündeten in den Irak einmarschieren und Hunderte von Kampfjets ihre strategischen Ziele ansteuern, leben die Menschen in Bagdad und anderen irakischen Städten in Todesangst. Die Bombennächte dehnen sich endlos. Die Weltöffentlichkeit aber erhält nur spärliche Informationen über diesen Krieg. Auf den streng zensierten Fotos und Fernsehaufnahmen sieht man keine verletzten oder getöteten Soldaten.

Am 24. März erlebt Bagdad den bislang schwersten Luftangriff. Dabei wird der alte Palast am Tigris, Sitz der irakischen Regierung, völlig zerstört. Wenig später gelingt es US-Soldaten, den Flughafen einzunehmen. Amerikanische Panzereinheiten rücken unaufhaltsam ins Stadtzentrum vor. Doch die befürchtete blutige Schlacht um die irakische Hauptstadt bleibt aus, es gibt nur geringen Widerstand. Am 9. April 2003 ist Bagdad eingenommen, das Regime Saddam Husseins und seiner *Baath*-Partei ist endgültig zerschlagen.

Eine Woche später ist der Krieg zu Ende. Er hat unter den alliierten Soldaten 159 Todesopfer gefordert. Auf irakischer Seite gibt es etwa 8000 tote Soldaten und 3000 tote Zivilisten. Von Saddam Hussein aber fehlt jede Spur.

Auftrag erledigt | Am 1. Mai 2003 landet US-Präsident George W. Bush auf dem Flugzeugträger *USS Abraham Lincoln* im Persischen Golf. Er ist gekommen, um sich als oberster Befehlshaber des gewonnenen Krieges feiern zu lassen. Auf einem riesigen Plakat steht: »*Mission accomplished*« (Auftrag erledigt). Tatsächlich? Werden jetzt wie versprochen Demokratie und Freiheit in den Irak einziehen?

Eine Statue Husseins wird vom Sockel gestürzt.

Dem anfänglichen Jubel folgt das Chaos. In den großen Städten wie Bagdad und Basra werden Hotels, Geschäfte und Museen geplündert. Überall im Land kommt es zu teils heftigen Protesten, Tausende Iraker demonstrieren gegen die US-Besatzer. Im Untergrund geht der Krieg weiter. Beinahe täglich sterben US-Soldaten durch Anschläge von Anhängern Saddam Husseins oder schiitischen Selbstmordattentätern. Auch die *Vereinten Nationen* werden zum Ziel eines Terrorangriffs: Bei einem Autobombenanschlag auf das UN-Hauptquartier in Bagdad gibt es viele Verletzte und Tote, unter ihnen der UN-Sonderbeauftragte für den Irak.

Noch Monate nach dem offiziellen Ende der Kampfhandlungen ist vom Wiederaufbau und von der versprochenen Demokratie nichts zu sehen. Es fehlt noch immer am Lebensnotwendigsten: Wasser, Strom, Benzin. Auf den Straßen türmt sich der stinkende Müll. Der Frieden rückt in weite Ferne. Auch zwischen den ethnischen und religiösen Gruppen des Iraks herrscht Unfrieden, und immer wieder kommt es zu gwaltsamen Ausschreitungen. Am 2. März 2004 explodieren in Bagdad und Kerbala während der Ashurafeiern mehrere Bomben und töten über 270 schiitische Pilger.

US-Präsident Bush auf dem Flugzeugträger USS Abraham Lincoln

Nach dem Anschlag auf das UN-Hauptquartier bergen US-Soldaten einen Verletzten. | 19. August 2003

Dunkle Flecken auf der weißen Weste | In den nächsten zwei Jahren suchen rund 1500 Spezialisten im Irak nach Massenvernichtungswaffen. Dann wird die Aktion erfolglos abgebrochen. Schließlich stellt sich heraus, was die Kriegsgegner von Anfang an vermutet hatten: Die Weltöffentlichkeit wurde von den USA mit gefälschten Beweisen getäuscht.

Und nicht nur das. Im April 2004 gehen abscheuliche Bilder durch die Medien. Es handelt sich um Aufnahmen aus dem Militärgefängnis *Abu Ghraib* in Bagdad. Sie dokumentieren Misshandlungen an irakischen Gefangenen durch US-Soldaten: sexuelle Erniedrigung, Folter und Verstümmelung bis zum Tod. Ausgerechnet dieses Gefängnis war schon unter dem Unrechtsregime Husseins als Foltergefängnis gefürchtet. Die Fotos rufen weltweit große Empörung hervor. Eine Journalistin bringt die Stimmung auf den Punkt: »*Offenbar sind die amerikanischen und britischen Besatzungstruppen selbst nicht in der Lage, das zu gewährleisten, was sie vor dem Krieg eingefordert haben: die Einhaltung der Menschenrechte im Irak.*« Außerdem befürchtet man, dass die auch von *Amnesty International* angeprangerte Verletzung der Menschenrechte Vergeltungsschläge von islamistischen Terrorgruppen herausfordert.

Vor einem Untersuchungsausschuss des US-Senats erklärt Verteidigungsminister Rumsfeld, nichts von den Vorkommnissen gewusst zu haben. Er entschuldigt sich bei den irakischen Gefangenen und nennt ihre Behandlung »*unamerikanisch*« und »*unvereinbar mit den Werten unserer Nation*«. Den von der Opposition geforderten Rücktritt weist er entschieden von sich. In den folgenden Monaten werden elf in die Vorkommnisse verwickelte Soldaten zu Geld- oder Gefängnisstrafen verurteilt und degradiert. Kein einziger wird wegen Mordes verurteilt. Im November 2006 wird bekannt, dass Rumsfeld die Anwendung rücksichtsloser Verhörmethoden angeordnet hat, um von »*feindlichen Kämpfern*« Geständnisse zu erzwingen. Er muss zurücktreten. Doch das internationale Ansehen der USA hat bereits nachhaltigen Schaden erlitten.

Wiedererlangte Unabhängigkeit | Die Zeit unter der US-Verwaltung geht am 28. Juni 2004 zu Ende. Eine irakische Übergangsregierung übernimmt die Arbeit. Im Januar 2005 finden die ersten freien

Menschenrechte

Die *UN-Menschenrechtscharta* von 1948 ist völkerrechtlich verbindlich. Sie wird ergänzt durch die *Genfer Konventionen* von 1949 für den Kriegsfall und die 1987 in Kraft gesetzte *UN-Antifolterkonvention* gegen Folter und andere grausame, unmenschliche oder erniedrigende Behandlung oder Strafe. Zu den 146 Staaten, die das Vertragswerk anerkannt haben, gehören auch die USA.

Angehörige irakischer Gefangener vor dem Gefängnis *Abu Ghraib* | 2004

Wahlen seit 53 Jahren statt; ein Dreivierteljahr später nimmt die irakische Bevölkerung die neue Verfassung an. Ausdruck der irakischen Unabhängigkeit ist außerdem der Prozess gegen Saddam Hussein, der im Oktober 2005 in Bagdad beginnt. Zur Verhandlung vor dem irakischen Sondertribunal stehen Verbrechen gegen die Menschlichkeit, Völkermord und Kriegsverbrechen unter dem Hussein-Regime. Nach einem annähernd einjährigen Prozess wird der Expräsident des Iraks zum Tod durch den Strang verurteilt und hingerichtet. Die Urteilsverkündung löst in den sunnitisch geprägten Teilen des Landes, in denen Hussein noch immer Anhänger hat, massive Gewaltakte aus. Eine nationale Versöhnung scheint selbst nach dem Tod des Diktators unmöglich.

Irak 2010 | Auch sieben Jahre nach Kriegsende ist der Irak noch immer nicht zur Ruhe gekommen, obwohl nach wie vor US-Truppen im Land stationiert sind. Es ist fraglich, ob es jemals demokratische Strukturen geben wird, die mit denen westlicher Staaten vergleichbar sind. Wie schon 2005 werden auch die Parlamentswahlen vom März 2010 von Terroranschlägen mit zahlreichen Toten und Verletzten überschattet. Die Welle der Gewalt behindert die wirtschaftliche Entwicklung und den so dringend notwendigen Wiederaufbau des Landes. Zunehmend treffen die Anschläge auch die Zivilbevölkerung. Doch Hauptziel der Attentate sind irakische Sicherheitskräfte, die vom US-Militär ausgebildet werden und für den Schutz der Bevölkerung sorgen sollen. Im August 2010 ziehen die USA die restlichen Kampftruppen aus dem Land ab. Wie die Zukunft des Iraks in der Folgezeit aussehen wird, darüber wagt niemand genaue Prognosen anzustellen.

Saddam Hussein vor Gericht | 2005

Abzug der US-Kampftruppen aus dem Irak | August 2010

AFGHANISTAN

»Kriegsähnliche Zustände« – Operation Kundus

n Afghanistan wird die Herrschaft der strenggläubigen islamischen Taliban nach den Anschlägen vom 11. September 2001 durch einen US-Militäreinsatz beendet. Seit Ende 2001 stehen internationale Truppen im Land, um den Wiederaufbau zu sichern. Doch nach Anfangserfolgen werden sie zunehmend in Kämpfe mit Aufständischen verwickelt. Auch Soldaten der Bundeswehr leisten Dienst am Hindukusch. Sie befinden sich in einer Situation, die im Heimatland kaum jemand offiziell beim Namen nennen will: bei einem Kriegseinsatz.

2. April 2010 | Auch an diesem Tag kontrolliert ein Militärkonvoi aus afghanischen Verbänden und Soldaten der *Internationalen Sicherheitsunterstützungstruppe (ISAF)* routinemäßig die Region Baghlan, etwa 60 Kilometer südlich von Kundus im Norden Afghanistans. Es ist 14.30 Uhr. Im letzten gepanzerten Fahrzeug sitzen drei Soldaten der Bundeswehr, junge Männer aus Bayern im Alter zwischen 24 und 38 Jahren. Aufmerksam beobachten sie ihre Umgebung. Vor ihnen liegt der Kundus-Fluss, rechts und links davon türmen sich hohe Berge. Alles scheint ruhig zu sein, keine Anzeichen dafür, dass jenseits der staubigen Schotterpiste womöglich aufständische Taliban auf der Lauer liegen könnten. Plötzlich gibt es eine ohrenbetäubende Explosion. Ein Sprengsatz ist detoniert und zerfetzt den letzten Panzerwagen, der an den Seiten gut erkenn-

Bundeswehr-ISAF-Schutztruppe auf Patrouille | 2009

bar mit den Farben der deutschen Flagge gekennzeichnet ist. Die drei Bundeswehrsoldaten sind sofort tot, »im Krieg gefallen« – Worte, die zu Hause im friedliebenden Deutschland kaum jemandem über die Lippen gehen.

Bislang sind 43 deutsche Soldaten in Afghanistan gestorben. Warum? Um »*Deutschlands Freiheit am Hindukusch zu verteidigen*«, wie der damalige Verteidigungsminister Peter Struck den Bundeswehreinsatz 2001 begründet hat?

Nach dem Tod seiner drei Kameraden hegt ein in Kundus stationierter Unteroffizier einige Zweifel: »*Immer häufiger fragen sich manche inzwischen nach dem Sinn des Ganzen. Wieso machen wir das hier eigentlich?*«

Taliban

Bedeutet ursprünglich »Religionsschüler«. Sie kommen anfangs aus den Koranschulen, die in den 1980er-Jahren in Afghanistan und Pakistan entstehen. Meist junge Männer aus einfachen sozialen Verhältnissen, die während des Krieges gegen die Sowjetunion in Flüchtlingslagern aufgewachsen sind.

Herrschaft der »Gotteskrieger« | Im September 1996 hatten die Taliban die Regierung in Afghanistan übernommen. Von Saudi-Arabien und Pakistan wurde das neue Regime unverzüglich anerkannt. Auch ein großer Teil der afghanischen Bevölkerung war zunächst erleichtert. Immerhin gelang es den Taliban, durch die Entwaffnung von Milizen und Androhung drastischer Strafen in dem durch einen jahrelangen Bürgerkrieg zerrütteten Land wieder öffentliche Sicherheit herzustellen.

Das Ziel der Taliban war es, Afghanistan in einen »*Gottesstaat*« nach dem Vorbild der islamischen Frühzeit zu verwandeln. Dabei legten sie die heiligen Schriften des Islam aber weit strenger aus. Tanzen und Musikhören wurden ebenso verboten wie der Besitz von Fernsehgeräten. Selbst den Kindern war

In die Burka gehüllte afghanische Frauen

Selbstmordanschlag auf ISAF-Friedenstruppe | 2005

das Spielen untersagt. Männer durften sich nicht mehr rasieren, sondern mussten einen Bart tragen. Noch schlimmer traf es die Frauen, die sich in der Öffentlichkeit nur noch mit einem Ganzkörperschleier, der Burka, zeigen durften. Die Taliban schlossen sämtliche Mädchenschulen und verboten jede Berufstätigkeit von Frauen. Um ihre Kinder und sich versorgen zu können, mussten sie betteln. Vor allem die Städte gerieten unter die strenge Aufsicht der selbst ernannten Sittenwächter, während in den ländlichen Gebieten das Leben meist wie zuvor weiterging.

Buddhastatue vor der Zerstörung

Operation *Enduring Freedom* | In der westlichen Welt macht Afghanistan erst wieder Schlagzeilen, als der Talibanführer Mullah Mohammed Omar im März 2001 im zentralafghanischen Bamiyan zwei weltberühmte Buddhastatuen sprengen lässt. Solche bildlichen und figürlichen Darstellungen sind den radikalen Islamisten ein Dorn im Auge. Dass sie UNESCO-Weltkulturerbe zerstört haben, kümmert sie nicht im Geringsten. Im Westen ruft der »*barbarische Akt*« Empörung hervor, doch bald geht man wieder zur Tagesordnung über.

Erst nach den Anschlägen vom 11. September 2001 auf das US-Verteidigungsministerium und das World Trade Center in New York gerät Afghanistan erneut ins Zentrum der Aufmerksamkeit. In den USA ist man überzeugt, dass sich Osama bin Laden und sein Terrornetzwerk *El Kaida* im unwegsamen Hindukusch-Gebirge versteckt halten und von den Taliban unterstützt werden. Am 7. Oktober 2001 beginnt die US-Luftwaffe im Rahmen der Operation *Enduring Freedom* (Dauerhafte Freiheit) mutmaßliche Stellungen der Taliban

Gefangengenommene Kämpfer des Terrornetzwerkes *El Kaida* | 2001

173

zu bombardieren, um die Herrschaft der »Gotteskrieger« zu beenden. Mit Erfolg. Osama bin Laden bleibt zwar spurlos verschwunden, doch der Widerstand bricht nach wenigen Wochen zusammen. In der Nacht vom 11. zum 12. November ziehen die Taliban aus Kabul ab und überlassen die afghanische Hauptstadt der *Nordallianz*. Sie setzt sich aus den politischen Gruppierungen zusammen, die sich nach der Machtübernahme der Taliban 1996 in den Norden des Landes zurückgezogen hatten.

Friedenskonferenz in Deutschland | Nach dem Sturz der Taliban muss Afghanistan völlig neu organisiert und aufgebaut werden. Die *Vereinten Nationen (UN)* beschließen daher, die unterschiedlichen afghanischen Gruppierungen zu einer Konferenz einzuladen, die vom 27. November bis zum 2. Dezember 2001 auf dem Petersberg bei Bonn stattfinden soll. Man einigt sich zunächst auf eine Übergangsregierung mit Hamid Karzai als Präsident Afghanistans.

Damit die neue Regierung ihre Arbeit aufnehmen und den Wiederaufbau zügig vorantreiben kann, soll eine internationale Schutztruppe mit UN-Mandat für ein sicheres Umfeld sorgen. Diese *Internationale Sicherheitsunterstützungstruppe (ISAF)* umfasst zunächst 5000 Männer und Frauen, darunter etwa 2000 Soldaten der Bundeswehr. Die Aufgabe der Truppe besteht hauptsächlich in der Ausbildung afghanischer Polizisten und im Aufbau einer Armee. Die starke deutsche Beteiligung wird in Afghanistan besonders begrüßt.

Hamid Karzai
geb. 1957, 2001–2004 Präsident der Übergangsregierung Afghanistans, seit 2004 Staatspräsident. Gewann die Wahlen 2009 nur durch Stimmenfälschungen. Er gilt als schwacher und unzuverlässiger Präsident. Ihm ist es bisher nicht gelungen, Afghanistan zu befrieden und die Macht der rivalisierenden *Warlords* zu beenden.

Afghanistankonferenz auf dem Petersberg bei Bonn | 2001

Gute Beziehungen | Die guten Beziehungen zwischen Deutschland und Afghanistan haben eine sehr lange Tradition. Sie entwickeln sich schon zu Beginn des 20. Jahrhunderts. Man begegnet sich gleichsam »auf Augenhöhe«, weil Deutschland keine kolonialen Ansprüche erhebt. Diese Haltung wird zur Grundlage einer guten wirtschaftlichen Zusammenarbeit. Schon 1921 reist eine afghanische Delegation nach Deutschland, um Verträge mit Firmen und Fachleuten zu schließen. Die 1924 in Kabul eröffnete deutsche Schule wird zur wichtigsten Ausbildungsstätte für die afghanische Elite und bringt zahlreiche Politiker hervor. Deutsche Firmen wie Siemens engagieren sich beim Aufbau der afghanischen Infrastruktur.

Gleich nach Ende des Zweiten Weltkriegs nimmt man die Zusammenarbeit wieder auf. Junge Afghanen erhalten ein Stipendium für ein Studium in der Bundesrepublik, Universitäten tauschen Gastprofessoren aus. Bis Ende der 1970er-Jahre stellt die Bundesrepublik knapp 360 Millionen Mark Entwicklungshilfe zur Verfügung und wirkt bei der Ausbildung der afghanischen Polizei und dem Ausbau des Gesundheitswesens mit. Aufgrund der intensiven Kontakte ist die deutsche Sprache in Afghanistan außergewöhnlich weit verbreitet.

Kulturschock in Afghanistan | Auf Grundlage der alten freundschaftlichen Beziehungen erhofft man sich vom Einsatz der Bundeswehr rasche Erfolge beim Wiederaufbau Afghanistans. Doch die hoch motivierten jungen Soldaten, die jetzt an den Hindukusch verlegt werden, machen rasch eine ganz andere Erfahrung. Einer von ihnen, Achim Wohlgethan, fasst die Eindrücke von seiner Sta-

Straße in Kabul | 2002

Ein Minenopfer lernt mit einer
Beinprothese gehen.

tionierung in Afghanistan 2002 in dem Buch *Endstation: Kabul* zusammen. Zunächst ahnt er noch nicht, was ihn 6000 Kilometer fern der Heimat erwartet. Doch gleich bei der Ankunft am Flughafen von Kabul am 11. April 2002 bekommt er einen ersten Eindruck: »*Überall lagen zerstörte Flugzeuge und Tankfahrzeuge herum, die vor sich hin rosteten, daneben Wracks von abgeschossenen Militärfahrzeugen und Panzern – kein sehr vertrauenerweckender Anblick. Auch dem Allerletzten in der Maschine war nun schlagartig klar, dass wir uns mitten in einem Kriegsgebiet befanden.*«

Dann lernt er die Hauptstadt Kabul kennen: »*Über der Stadt hing eine dichte Smogglocke, die den uralten Autos und unzähligen Feuern geschuldet war. Weil es kaum Strom gibt, aber Energie zum Heizen oder Kochen benötigt wird, zünden die Afghanen alles an, was nur irgendwie zum Brennen gebracht werden kann. (…) Von den Eindrücken war ich wie erschlagen. Zu dieser Zeit dominierten in der Stadt noch die Eselskarren und die Frauen in blauen Burkas. Wie in Deutschland beinahe jeder sein Handy dabeihat, war es hier die Kalaschnikow. (…) Auch Kriegsinvaliden sah ich viele, dazu Kinder, Frauen und Männer mit amputierten Gliedmaßen und Verbrennungen. (…) Offene, etwa 15 Zentimeter tiefe Gräben durchzogen die Stadt. Der Fäkalgeruch machte mir schnell klar, dass dies die Kanalisation Kabuls war.*« Mehr als alles andere bedrücken den Soldaten die vielen unterernährten und bettelnden Kinder: »*Auf diesen Kulturschock war ich nicht vorbereitet gewesen.*«

Die »Loya Dschirga« | Eine der Aufgaben der ISAF-Soldaten besteht darin, die Vorbereitungen für die *Loya Dschirga* abzusichern. So nennen die Afghanen ihre große Ratsversammlung, die traditionell zur Klärung nationaler Fragen abgehalten wird. Sie geht auf eine mongolische Tradition zurück und ist wohl mehr als 1000 Jahre alt. Auf der *Loya Dschirga* im Juni 2002 sollen Präsident und Übergangsregierung gewählt beziehungsweise bestätigt werden, um damit die endgültigen Weichen für die Zukunft Afghanistans zu stellen. Rund 700 Abgeordnete aus den unterschiedlichsten Volksstämmen werden in Kabul erwartet. Versammlungsort ist ein riesiges Zelt im Zentrum der Stadt.

Abgeordnete auf der »Loya Dschirga« | 2002

Die Situation ist angespannt. Auch nach dem Sturz der Taliban gibt es keinen Frieden in Afghanistan. Das Machtvakuum wird von rivalisierenden *Warlords* gefüllt, die jetzt das Land unter sich aufteilen. Außerhalb Kabuls sind Überfälle und Gewaltanwendungen an der Tagesordnung.

Diesen Machthabern sind die ISAF-Soldaten natürlich ein Dorn im Auge und sie lassen nichts unversucht, um die ausländischen Einsatzkräfte in ein möglichst schlechtes Licht zu rücken. Beispielsweise sollen Kinder mit echten Waffen täuschend ähnlichen Plastikpistolen auf vorbeifahrende ISAF-Fahrzeuge zielen und damit die Soldaten zum Schießen veranlassen. Käme dabei ein Kind ums Leben, würde das gewiss eine Gewaltreaktion der afghanischen Bevölkerung hervorrufen. Aber keiner der Soldaten verliert die Nerven und auch die *Loya Dschirga* geht ohne größere Zwischenfälle zu Ende. Sie bestätigt Hamid Karzai als Präsidenten und stellt für 2004/05 Parlaments- und Präsidentschaftswahlen in Aussicht.

Mädchenschule in Kabul

Wiederaufbau mit Hindernissen | Seit 2003 werden die deutschen ISAF-Soldaten schwerpunktmäßig im eher ruhigen Norden Afghanistans eingesetzt, in Kundus und Mazar-e Sharif, wo sie – entgegen ihrer eigentlichen Aufgabe – so etwas wie Entwicklungshilfe leisten. Dazu gehören die Errichtung von Mädchenschulen und der Bau von Brunnen, um die Bevölkerung mit sauberem Trinkwasser zu versorgen. Die Lage stellt sich hier so friedlich dar, dass die Soldaten ironisch von »*Bad Kundus*« sprechen.

Der Wiederaufbau scheint voranzugehen. Bei den Präsidentschaftswahlen am 9. Oktober 2004 wird Hamid Karzai unter großer Beteiligung ein weiteres Mal gewählt. Doch schon die Parlamentswahlen am 18. September 2005 finden bei der Bevölkerung wenig Unterstützung. Sie können zudem kaum als frei bezeichnet werden, weil Gewaltandrohung und Wahlfälschung an der Tagesordnung waren. Offiziell findet der »*Petersberger Prozess*« damit seinen Abschluss und wird zumindest auf dem Papier als Erfolg gewertet. Stabilisiert oder gar befriedet hat er das Land nicht. Obwohl die internationale Gemeinschaft Afghanistan Milliardenbeträge für den zivilen Wiederaufbau zur Verfügung stellt, macht sich bei weiten Teilen der Bevölkerung Enttäuschung breit, vor allem auf dem Land.

Während in Kabul (wieder) ein eher westlich geprägter Lebensstil einzieht und die blauen Burkas allmählich aus dem Stadtbild verschwinden, misstraut die Landbevölkerung den vermeintlichen Segnungen der Moderne. Viele fürchten um ihre kulturellen und religiösen Traditionen. Offene Ohren für ihre Ängste finden sie bei den Taliban, die sich nur vorübergehend in das Grenzgebiet von Pakistan zurückgezogen haben und nun allmählich zurückkehren.

Wasserstelle in einem Dorf bei Kundus

Im 20. Jahrhundert erlebt Afghanistan durchaus einige gute Jahre. Und doch brechen immer wieder Konflikte zwischen den unterschiedlichen Volksgruppen auf. Auch der Gegensatz von Tradition und Moderne löst erhebliche Spannungen aus, die sich wie ein roter Faden durch die Geschichte des Landes ziehen.

Afghanistan wird unabhängig

Traditionell verfolgen die unterschiedlichen Stammes- und Volksgruppen Afghanistans ihre eigenen Interessen. Doch äußere Bedrohung schweißt sie immer wieder zusammen. Das muss schon die Kolonialmacht Großbritannien erfahren, die im 19. Jahrhundert Krieg gegen Afghanistan führt und weite Teile des Landes besetzt. Weil es immer wieder zu Aufständen kommt, ziehen sich die britischen Truppen 1881 endgültig zurück. Trotzdem bleibt Afghanistan vorerst britisches Protektorat.

Nach dem Ersten Weltkrieg und über 60 Jahren britischer Vorherrschaft erhält das Land 1919 seine Unabhängigkeit. Vergeblich versucht jetzt die Regierung, Afghanistan nach dem Vorbild der Türkei zu modernisieren. Dazu zählen die Trennung von Staat und Religion, Einführung der Schulpflicht sowie der Versuch, die traditionelle Rolle der Frau zu verändern. Dies stößt bei den afghanischen Stämmen auf erbitterten Widerstand.

Sowjetische Soldaten während einer Gefechtspause | 1988

Kurzes »Goldenes Zeitalter«

Zahir Schah, der das Land von 1933 bis 1973 regiert, gelingt es schließlich, das rückständige Land behutsam in die Moderne zu führen. Nach dem Zweiten Weltkrieg, in dem Afghanistan neutral bleibt, fließen Gelder aus Ost und West ins Land. Straßen werden gebaut, Berufsschulen und Fabriken eingerichtet, die Streitkräfte modernisiert.

Vor allem für die Bewohner Kabuls beginnen jetzt gute Jahre, die gerne als »Goldenes Zeitalter« bezeichnet werden. Doch die weltweite Wirtschaftsflaute Ende der 1960er-Jahre bekommt auch das Land am Hindukusch drastisch zu spüren. Der Finanzstrom aus dem Ausland ebbt immer mehr ab. Politisch gerät Afghanistan zusehends in die Abhängigkeit von der Sowjetunion.

Sowjetische Besatzung

Nach einem Putsch wird 1973 die Monarchie abgeschafft, Zahir Schah geht ins Exil. Da es sich bei den neuen Machthabern jedoch um Marionetten Moskaus handelt, bricht ein Bürgerkrieg zwischen kommunistischen und islamischen Gruppierungen aus. Als die religiösen Gruppen immer mehr an Boden gewinnen, beginnt das kommunistische Regime zu wanken. Ende 1979 entschließt sich die Sowjetunion einzugreifen. Es folgt ein neunjähriger Krieg, dem bis Februar 1989 etwa eine Million Afghanen zum Opfer fallen. Unterdessen hat sich im pakistanischen Exil eine provisorische Exilregierung gebildet. Man bezeichnet die Widerstandskämpfer als *Mudschaheddin*, die den »Heiligen Krieg« zu ihrer Sache gemacht haben. Nach dem Sturz des von den Sowjets gestützten Präsidenten Nadschibullah 1992 beginnt der Kampf um die Hauptstadt Kabul.

Krieg aller gegen alle

Wieder erlebt das Land einen blutigen Bürgerkrieg, in dem es jetzt weitaus mehr als nur zwei Fronten gibt. Fast könnte man von einem »Krieg aller gegen alle« sprechen. Es geht nicht allein um ideologische Motive wie Islam oder Kommunismus. Keiner hat eine genaue Vorstellung davon, wie es in Zukunft weitergehen soll. Doch das Fehlen einer staatlichen Ordnung eröffnet plötzlich ganz neue Einkommensmöglichkeiten, vom Waffenhandel bis zum Anbau von Opium. Deshalb liegt es im Interesse der *Warlords* (Kriegsfürsten), den Kriegszustand möglichst lange beizubehalten. Die Menschen erhoffen sich nur noch von den Taliban, die sich ab 1994 erfolgreich durchsetzen können, einen dauerhaften Frieden. Bis 2001 übernehmen die Taliban unter der Führung von Mullah Mohammed Omar die Macht in weiten Teilen Afghanistans. Alle anderen Kriegsparteien ziehen sich jetzt in den Norden des Landes zurück. Ihre Bezeichnung als *Nordallianz* kann jedoch nicht darüber hinwegtäuschen, dass es sich dabei um ein höchst zerbrechliches Bündnis handelt. Übereinstimmende Pläne für die Zukunft Afghanistans gibt es bei ihnen nicht. Das wird nach dem Sturz der Taliban deutlich.

Mudschaheddin mit Maschinengewehr und Panzerfaust | 1996

ISAF-Bundeswehrsoldaten mit afghanischen Armeeangehörigen

Forderungen an Deutschland | Die Stärke der ISAF-Truppe muss im Winter 2006/07 aufgestockt werden. Gleichzeitig häufen sich die Forderungen an Deutschland, sich stärker zu engagieren, auch im umkämpften Süden des Landes. Gefragt sind Soldaten, die kämpfen können, keine »Brunnenbohrer« wie im Norden. Das stößt in Berlin auf wenig Zustimmung. Kämpfende Bundeswehrsoldaten – dabei denkt man doch gleich: Krieg. Und dieses Wort mag man der deutschen Bevölkerung verständlicherweise nicht zumuten. 2007 sagt die Bundesregierung jedoch die Entsendung von *Tornado*-Kampfflugzeugen zu.

Aber mit den üblichen militärischen Mitteln sind die Taliban nicht zu besiegen – im Gegenteil. Gerade der verstärkte Einsatz von Waffen und anderen Kampfmitteln stößt bei der afghanischen Bevölkerung auf Ablehnung. Immer wieder werden ganze Dörfer oder Hochzeitsgesellschaften versehentlich unter Beschuss genommen, was verharmlosend mit dem Wort »Kollateralschaden« (Begleitschaden) entschuldigt wird – und den Taliban weiteren Zulauf bringt. Ein Taliban zu sein wird mehr und mehr zum Protest gegen jegliche Einmischung des Westens. Dabei ist es gleichgültig, ob es sich um Demokratisierungsversuche handelt, den Bau von Mädchenschulen oder die Vernichtung von Schlafmohnfeldern, um die massenhafte Herstellung von Opium zu verhindern. Erschwerend kommt hinzu, dass es sich bei den Taliban um keine einheitliche Organisation handelt. Die Bewegung setzt sich vielmehr aus zahlreichen Gruppierungen zusammen. Die schmieden wechselweise lose oder stabile Bündnisse, bekämpfen sich hin und wieder aber auch gegenseitig. Es gibt also viele Fronten, und die sind meist unsichtbar.

»Bad Kundus« im Kriegszustand | Im Sommer 2009 sind im Norden Afghanistans 3500 deutsche Soldaten im Einsatz. Damit gehört Deutschland zu den größten Truppenstellern der ISAF, deren Stärke inzwischen rund 61 000 Mann beträgt. 44 Nationen sind beteiligt. Denn auch der Norden ist längst nicht mehr sicher. Vor etwa einem Jahr hat die Aufstandsbewegung der Taliban hier ebenfalls Fuß gefasst. Inzwischen setzt deshalb sogar die Bundeswehr schwere Waffen ein, vor allem Schützenpanzer vom Typ *Marder*. Von Krieg spricht man in Berlin nach wie vor nicht. Man kämpfe gegen »*Verbrecher und Terroristen*«, deshalb befinde sich die Bundeswehr nicht im Krieg, erklärt der damalige Verteidigungsminister Franz Josef Jung.

Doch ganz gleich, welche Bezeichnung man benutzt: Die deutschen ISAF-Soldaten kämpfen und riskieren ihr Leben. Sie sind keine »*Entwicklungshelfer in Uniform*« mehr. Die Taliban locken deutsche Einheiten immer häufiger in Hinterhalte, um sie dann in Feuergefechte zu verwickeln. Sie bauen Sprengfallen am Straßenrand, sprengen sich als Selbstmordattentäter in die Luft und reißen die Soldaten mit in den Tod. Afghanische Polizisten, die von den Deutschen ausgebildet wurden, verkaufen ihre Uniformen an den Gegner.

ISAF-Aufnäher

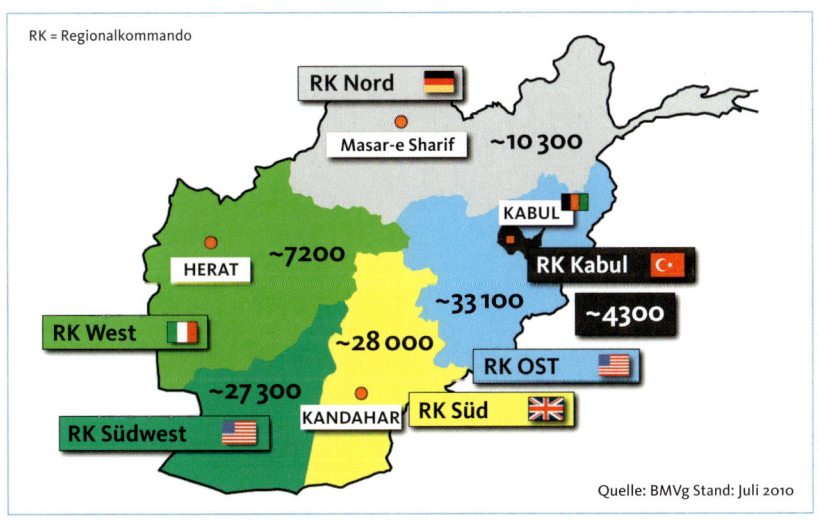

Einsatzgebiete der ISAF-Truppen in Afghanistan

Scheitern der Mission? | Inzwischen steht fest, dass dieser Krieg nicht zu gewinnen ist, weder für die ISAF-Truppen noch für die Taliban. Die Situation verschlimmert sich immer weiter. Allein 2009 werden über 2400 Zivilisten getötet, seit 2001 sind mehr als 1850 Soldaten der internationalen Schutztruppe ums Leben gekommen. Die Stimmung unter den Soldaten ist schlecht. Allmählich zeigt auch die Bundesregierung dafür Verständnis. Hatten seine Vorgänger es noch vermieden, das Wort »Krieg« in den Mund zu nehmen, äußert der neue Verteidigungminister Karl-Theodor zu Guttenberg im November 2009: »*Ich will ganz offen sein: In Teilen Afghanistans gibt es fraglos kriegsähnliche Zustände.*« Dann fügt er hinzu, er verstehe jeden Soldaten, der sagt: »*In Afghanistan ist Krieg, egal ob ich nun von ausländischen Streikräften oder von Taliban-Terroristen angegriffen, verwundet oder getötet werde.*«

Verwundete Soldaten werden sofort nach Deutschland ausgeflogen und erhalten eine gute medizinische Betreuung. Doch über möglicherweise bleibende körperliche Beeinträchtigungen kann die *ISAF-Einsatzmedaille*, ironisch »*Butterorden*« genannt, nicht hinwegtrösten. Selbst Soldaten, die nicht verwundet worden sind, haben zum Teil unter Folgeschäden zu leiden. Traumatische Erlebnisse während des Einsatzes führen dazu, dass sie von Psychologen wegen PTBS (Posttraumatische Belastungsstörung) behandelt werden müssen. 2007 wird nach Angaben des Verteidigungsministeriums bei 149 Soldaten eine PTBS diagnostiziert, ein Jahr darauf bei 245 und im vergangenen Jahr bei 466. Ein Großteil dieser Soldaten war in Afghanistan stationiert.

Abgesehen von den Schäden, welche die Menschen erleiden, verschlingt der Einsatz eine Unmenge Geld. Die USA haben bereits 300 Milliarden Dollar da-

Verteidigungsminister zu Guttenberg auf Truppenbesuch in Masar-e Sharif

Trauerfeier für einen in Kundus gefallenen ISAF-Soldaten der Bundeswehr | 2009

für ausgegeben. In allen Ländern, die in Afghanistan engagiert sind, nimmt die Zustimmung der Bevölkerung rapide ab. Ob in Kanada, Großbritannien, den Niederlanden oder Deutschland – die Mehrheit der Bürger hält den Einsatz inzwischen für einen Fehler. Anfang Juni 2010 erklären laut einer Umfrage der *Washington Post* 53 Prozent der befragten Amerikaner, Afghanistan sei *»den Kampf nicht wert«*. Selbst General Stanley McChrystal, bis Juni 2010 als amerikanischer ISAF-Oberbefehlshaber in Afghanistan, sieht die Gefahr des Scheiterns, weil *»wir die Probleme nicht genug verstanden haben«*.

Dabei hat die Mission durchaus Erfolge vorzuweisen: Es wurden 3500 Schulen gebaut, Kliniken errichtet und 13 000 Kilometer Straßen angelegt. Zumindest in Kabul gibt es jetzt auch wieder ausreichend Strom. Andererseits: In ganz Afghanistan hat nur jeder Sechste Elektrizität, jeder Achte sauberes Trinkwasser. Noch immer sind 70 Prozent der Bevölkerung mit Nahrungsmitteln unterversorgt, sterben zahllose Menschen an Tuberkulose.

Deutscher Soldat der Bundeswehr-ISAF-Schutztruppe

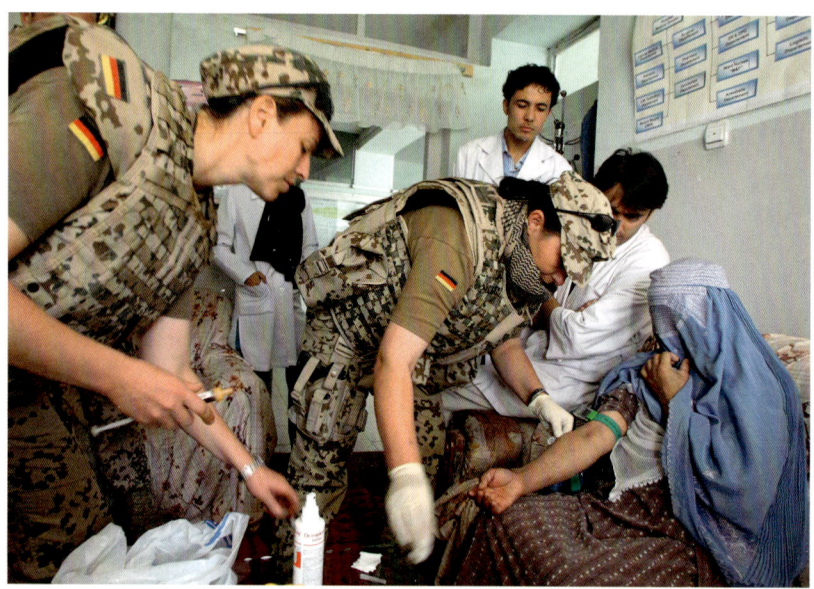

ISAF-Bundeswehrärztin hilft im Hospital von Feyzabad. | 2002

»Bruder Taliban«? | Es scheint nur eine Möglichkeit zu geben: den Wiederaufbau Afghanistans nicht gegen, sondern mit den Taliban. »*Das ist ein Pakt mit dem Teufel*«, sagt ein westlicher Diplomat in Kabul, »*aber einer, der Leben rettet.*« Schließlich wollen sich auch viele Taliban von der negativen Vorstellung befreien, eine religiöse Sekte zu sein, die nur zerstören, aber nicht aufbauen kann. Erste kleine Erfolge in dieser Hinsicht gibt es bereits: Die Taliban unterstützen eine Kampagne zur Polio-Schluckimpfung, um die Kinderlähmung endlich auch in Afghanistan auszurotten. Ein Hoffnungsschimmer?

Das glaubt zumindest Präsident Hamid Karzai, der am 2. Juni 2010 in Kabul eine große »*Friedens-Dschirga*« eröffnet, um die Aussöhnung mit den Taliban voranzutreiben. Sie sollen mit größeren Geldsummen zur Niederlegung der Waffen bewegt werden, ihren Anführern bietet man die Möglichkeit an, ins Exil zu gehen. Doch die Taliban erscheinen nicht. Sie lehnen jedes Gespräch mit der Regierung in Kabul ab. Im Gegenteil: In der Nähe des großen Zelts, in dem die *Dschirga* stattfindet, schlagen mehrere Raketen ein, abgefeuert von den Taliban.

Im Juli 2010 treffen sich die Vertreter von mehr als 70 Staaten und Organisationen in Kabul zur Afghanistan-Konferenz. Sie bekunden Präsident Hamid Karzai ihre Zuversicht, sein Land werde bis 2014 in der Lage sein, die Sicherheit durch eigene Soldaten und Polizisten zu garantieren. Doch angesichts der Tatsache, dass gerade die afghanischen Sicherheitskräfte Opfer von gezielten Taliban-Anschlägen sind, mag diese Prognose allzu optimistisch sein.

> »Jedermann muss die Dringlichkeit begreifen, mit der die Afghanen selbst die Verantwortung für die Sicherheit in ihrem Land übernehmen müssen.«

CARL LEVIN, VORSITZENDER DES US-STREITKRÄFTEAUSSCHUSSES, JUNI 2010

Hoffnung für Afghanistan? | Mitte Juni 2010 sorgt eine Meldung ganz anderer Art weltweit für Aufmerksamkeit. Die *New York Times* berichtet von einem *»sensationellen Fund«* großer Rohstoffvorkommen am Hindukusch: Eisenerz, Kupfer und Steinkohle, vor allem aber Lithium, das für die Herstellung von Mobiltelefonen benötigt wird. Afghanistans Bergbauminister Wahidullah Sharani schätzt den Wert des Vorkommens auf drei Billionen Dollar! Der neue US-Kommandeur, General David Petraeus, spricht von *»atemberaubenden Möglichkeiten«* für Afghanistan. Doch Fachleute dämpfen die Begeisterung. Zum einen ist die Existenz der Bodenschätze schon lange bekannt, zum anderen aber stellt sich das Problem der Erschließung. Das *»größte unerschlossene Eisenerzlager in Asien«* befindet sich an einem Pass auf 3700 Meter Höhe. Noch fehlen Straßen und Bahnverbindungen, um das Erz abzutransportieren. Vor allem aber muss sich die Sicherheitslage entspannen. Erst wenn keine Attentate mehr zu befürchten sind, werden Bergbaugesellschaften Förderrechte erwerben und Mitarbeiter nach Afghanistan senden. Vielleicht gibt es also noch Chancen für einen friedlichen Wiederaufbau des geschundenen Landes …

Patrouille der deutschen Militärpolizei im nahezu unwegsamen afghanischen Gebirge

Literaturverzeichnis

Adenauer, Konrad: Erinnerungen. 3 Bde., Frankfurt 1967ff.
Aly, Götz: Unser Kampf. 1968 – ein irritierter Blick zurück. Berlin 2008
Amipur, Katajun/Witzke, Reinhard: Schauplatz Iran. Ein Report. Freiburg 2004
Aust, Stefan/Schnibben, Cordt: 11. September 2001. Geschichte eines Terrorangriffs. Stuttgart 2002
Aust, Stefan/Schnibben, Cordt: Irak. Geschichte eines modernen Krieges. München 2003
Aust, Stefan: Der Baader-Meinhof-Komplex. München 2008
Avidan, Igal: Israel. Ein Staat sucht sich selbst. München 2008
Bahrmann, Hannes/Link, Christoph: Chronik der Wende. Die Ereignisse in der DDR zwischen 7. Oktober 1989 und 18. März 1990. Berlin 1999
Balke, Ralf: Israel. München 2007
Benz, Wolfgang: Die Gründung der Bundesrepublik. Von der Bizone zum souveränen Staat. München 1999
Berben, Iris/Maibaum, Nicole: Frauen bewegen die Welt. München 2009
Blum, Gadi/Hefez, Nir: Ariel Scharon. Die Biografie. Hamburg 2006
Boeckh, Katrin: Serbien, Montenegro. Geschichte und Gegenwart. Regensburg 2009
Bögeholz, Hartwig: »Gebt uns Demokratie oder gebt uns den Tod«. China: Das Massaker und die Folgen. Reinbek 1989
Bülow, Andreas von: Die CIA und der 11. September. München 2004
Butterwegge, Christoph (Hrsg.): Friedensbewegung – was nun? Probleme und Perspektiven nach der Raketenstationierung. Hamburg 1983
Chiari, Bernhardt (Hrsg.): Afghanistan. Wegweiser zur Geschichte. Paderborn 2007
Coll, Steve: Die bin Ladens. Eine arabische Familie. München 2008
Coughlin, Con: Saddam Hussein. Porträt eines Diktators. München 2002
Cremerius, Ruth/Fischer, Doris/Schier, Peter: Studentenprotest und Repression in China April–Juni 1989. Hamburg 1991
Dallaire, Roméo: Handschlag mit dem Teufel. Die Mitschuld der Weltgemeinschaft am Völkermord in Ruanda. Frankfurt 2005
Decker, Claudia: Die falsche Hautfarbe. Lebensgeschichten aus der Apartheid. Frankfurt 1991
Del Ponte, Carla/ Sudetic, Chuck: Im Namen der Anklage. Meine Jagd auf Kriegsverbrecher und die Suche nach Gerechtigkeit. Frankfurt 2009
Dutschke-Klotz, Gretchen: Wir hatten ein barbarisches, schönes Leben. Rudi Dutschke. Eine Biografie. Berlin 1996
Faber, Richard/Stölting, Erhard: Die Phantasie an die Macht? 1968 – Versuch einer Bilanz. Berlin 2002
Frey, Marc: Geschichte des Vietnamkriegs. Die Tragödie in Asien und das Ende des amerikanischen Traums. München 2004
Fuhrer, Armin: Wer erschoss Benno Ohnesorg? Der Fall Kurras und die Stasi. Berlin 2009
Fürtig, Henner: Kleine Geschichte des Iraks. Von der Gründung 1921 bis zur Gegenwart. München 2003
Genscher, Hans-Dietrich: Erinnerungen. Berlin 1995
Gilcher-Holtey, Ingrid: Die 68er-Bewegung. Deutschland, Westeuropa, USA. München 2005
Göbel, Rüdiger u.a. (Hrsg.): Der Irak. Krieg, Besetzung, Widerstand. Köln 2004
Gobodo-Madikizela, Pumla: Das Erbe der Apartheid – Trauma, Erinnerung, Versöhnung. Opladen/Farmington Hills 2006
Gorbatschow, Michail: Erinnerungen. Berlin 1995

Görtemaker, Manfred: Geschichte der Bundesrepublik Deutschland. Von der Gründung bis zur Gegenwart. Frankfurt 2004
Hagemann, Albrecht: Kleine Geschichte Südafrikas. München 2001
Harding, Leonhard (Hrsg.): Ruanda – der Weg zum Völkermord. Vorgeschichte – Verlauf – Deutung. Hamburg 1998
Heinze, Peter: Schauplatz Irak, Hintergründe eines Weltkonflikts. Freiburg 2002
Hertle, Hans-Hermann: Chronik des Mauerfalls. Die dramatischen Ereignisse um den 9. November 1989. Berlin 1996
Hoering, Uwe: Zum Beispiel Hutu & Tutsi. Göttingen 1997
Jäger, Uli/Schmidt-Vöhringer, Michael: »Wir werden nicht Ruhe geben ...« Die Friedensbewegung in der Bundesrepublik Deutschland. Geschichte, Dokumente, Perspektiven. Tübingen 1982
Kayitesi, Annick: Wie Phönix aus der Asche: Ich überlebte das Massaker in Ruanda. München 2005
Keßelring, Agilof (Hrsg.): Wegweiser zur Geschichte. Bosnien-Herzegowina. Paderborn/München/Wien/Zürich 2007
Kettermann, Günter: Atlas zur Geschichte des Islam. Darmstadt 2001
Knorr, Lorenz: Geschichte der Friedensbewegung in der Bundesrepublik. Köln 1983
Kohl, Helmut: Ich wollte Deutschlands Einheit. Berlin 1996
Kohl, Helmut: Vom Mauerfall zur Wiedervereinigung. Meine Erinnerungen. München 2009
Kowalczuk, Ilko-Sascha: Endspiel. Die Revolution von 1989 in der DDR. München 2009
Krausshaar, Wolfgang: Achtundsechzig. Eine Bilanz. Berlin 2008
Laurent, Eric: 11/9/01 – Die Wahrheit. München 2005
Libal, Wolfgang/Kohl, Christine von: Der Balkan. Stabilität oder Chaos in Europa. Hamburg/Wien 2000
Maier, Charles S.: Das Verschwinden der DDR und der Untergang des Kommunismus. Frankfurt 1999
Melvern, Linda: Ruanda. Der Völkermord und die Beteiligung der westlichen Welt. Kreuzlingen/München 2004
Münkler, Herfried: Der neue Golfkrieg. Reinbek 2003
Nathan, Andrew J./Link, Perry: Die Tiananmen-Akte. Die Geheimdokumente der chinesischen Führung zum Massaker am Platz des Himmlischen Friedens. München/Berlin 2001
Nering, Holger: Die Friedensbewegung. Aschendorff 2008
Nicol, Mike: Mandela. Das autorisierte Porträt. München 2006
Nirumand, Bahman: Iran. Die drohende Katastrophe. Köln 2006
Otto, Karl A.: Vom Ostermarsch zur APO. Geschichte der außerparlamentarischen Opposition in der Bundesrepublik 1960–1970. Frankfurt 1979
Precht, Richard David: Lenin kam nur bis Lüdenscheid. Berlin 2007
Rashid, Ahmed: Taliban. Afghanistans Gotteskrieger und der Dschihad. Berlin 2001
Rathfelder, Erich: Sarajevo und danach. Sechs Jahre Reporter im ehemaligen Jugoslawien. München 1998
Recker, Marie Luise: Geschichte der Bundesrepublik Deutschland. München 2009
Reichard, Sven/Zierenberg, Malte: Damals nach dem Krieg. Eine Geschichte Deutschlands 1945–1949. München 2008
Rimscha, Robert von: Die Bushs. Weltmacht als Familienerbe. Frankfurt 2004
Rödder, Andreas: Deutschland einig Vaterland. Die Geschichte der Wiedervereinigung. München 2009
Ruge, Clarissa: Versöhnung durch Vergangenheitsbewältigung? Die südafrikanische Wahrheits- und Versöhnungskommission und ihr Versuch der Friedenssicherung. Frankfurt 2004
Salisbury, Harrison E.: 13 Tage im Juni. Tiananmen-Tagebuch. Als Augenzeuge in China. Frankfurt 1989

Schäuble, Martin/Flug, Noah: Die Geschichte der Israelis und Palästinenser. München 2009
Schetter, Conrad: Kleine Geschichte Afghanistans. München 2007
Schmidt-Glintzer, Helwig: Das neue China. Von den Opiumkriegen bis heute. München 2004
Schneider, Peter: Rebellion und Wahn. Mein '68. Köln 2008
Schreiber, Jürgen: Meine Jahre mit Joschka. Nachrichten von fetten und mageren Zeiten. Berlin 2007
Schwarzer, Alice: Eine tödliche Liebe. Petra Kelly und Gert Bastian. Köln 2001
Schweizer, Gerhard: Iran. Drehscheibe zwischen Ost und West. Stuttgart 2005
Seitz, Konrad: China. Eine Weltmacht kehrt zurück. Berlin 2002
Sontheimer, Kurt: Die Adenauer-Ära. Grundlegung der Bundesrepublik Deutschland. München 2003
Steininger, Rolf: Der Vietnamkrieg. Frankfurt 2004
Thiel, Susanne: Kulturschock Afghanistan. Bielefeld 2007

Vinke, Hermann: Die Bundesrepublik. Ravensburg 2009
Vinke, Hermann: Die DDR. Ravensburg 2008
Wasserstein, Bernard: Jerusalem. Der Kampf um die Heilige Stadt. München 2002
Welfens, Paul J. J.: Der Kosovo-Krieg und die Zukunft Europas. München 1999
Wohlgethan, Achim: Endstation Kabul. Als deutscher Soldat in Afghanistan. Ein Insiderbericht. Berlin 2008
Wohlgethan, Achim: Operation Kundus. Mein zweiter Einsatz in Afghanistan. Berlin 2009
Wolfrum, Edgar: Die Mauer. Geschichte einer Teilung. München 2009
Wolle, Stefan: DDR. Frankfurt 2004
Wüstenberg, Andreas: Die Vereinten Nationen und der Völkermord in Ruanda. Eine umfassende Analyse der Verantwortung der Weltfriedensorganisation. Saarbrücken 2008

Bildnachweis

für Ferdinand und Max Ferber
Florian und Max Praßer

Bibliografische Information der Deutschen Nationalbibliothek

Die Deutsche Nationalbibliothek verzeichnet diese Publikation in
der Deutschen Nationalbibliografie. Detaillierte bibliografische
Daten sind im Internet über **http://dnb.d-nb.de** abrufbar.

3 2 1   13 12 11

© 2011 Ravensburger Buchverlag Otto Maier GmbH, Postfach 1860,
88188 Ravensburg

Redaktionelle Leitung: Sabine Zürn
Lektorat und Bildredaktion: Dr. Astrid Schäfer, München
Fachberatung: Dr. Robert Sigel
Satz und Typografie: Adam Koller
Umschlaggestaltung: Dirk Lieb
Printed in Germany

ISBN 978-3-473-55281-8

www.ravensburger.de